Klasse 9-13

Kurt Schreiner

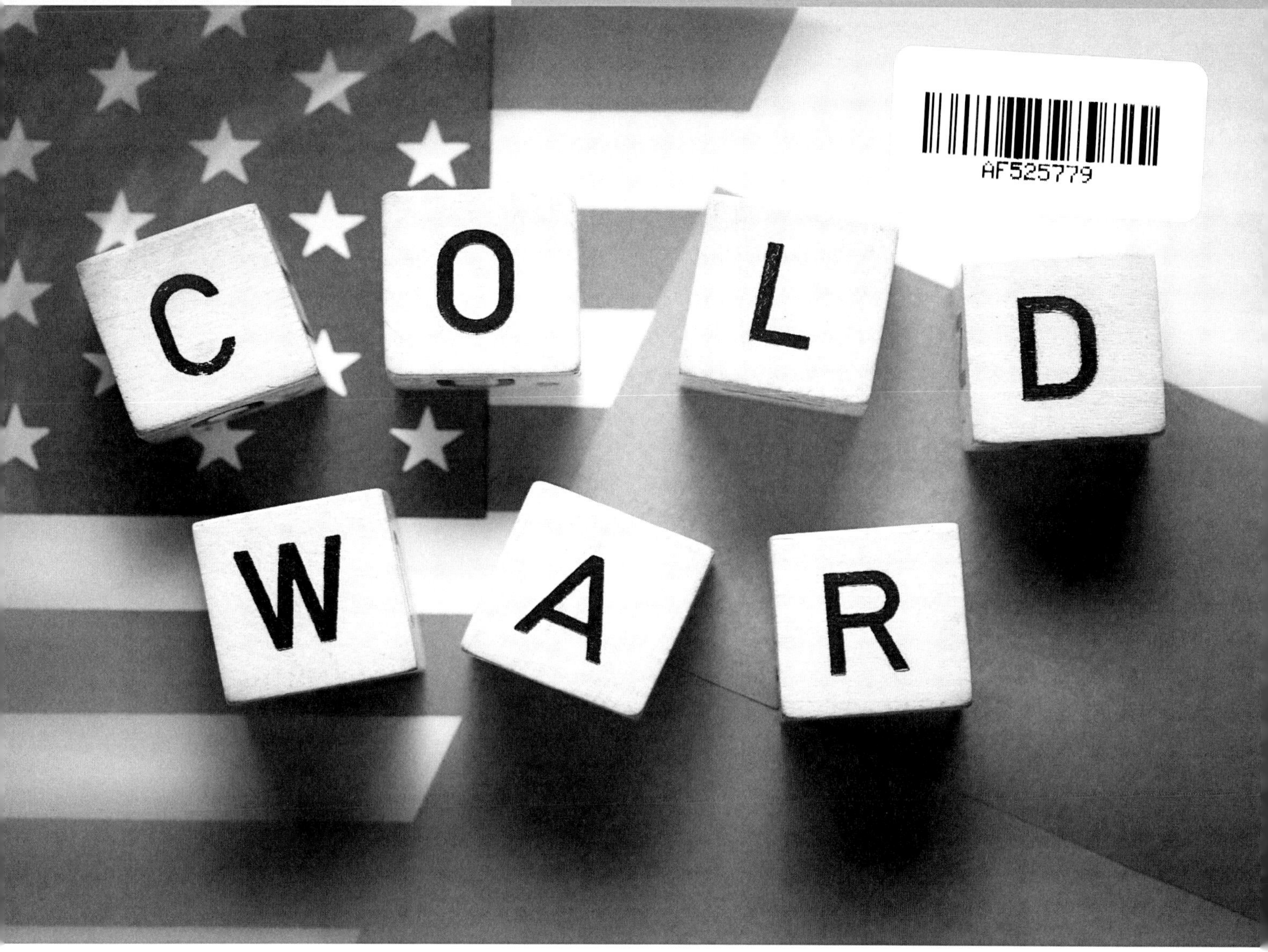

Lernwerkstatt

Kalter Krieg

Zwei Machtblöcke stehen sich gegenüber

Lernwerkstatt „KALTER KRIEG“

Zwei Machtblöcke stehen sich gegenüber

5. Auflage 2026

Inhalt: Kurt Schreiner
Coverbild: © Thomas Hansen - AdobeStock.com
Redaktion: Kohl-Verlag
Grafik & Satz: Kohl-Verlag
Druck: farbo prepress GmbH, Köln

Bestell-Nr. 12 189

ISBN: 978-3-96040-357-9

Bildquellen:

Seite 3-72 © Thomas Hansen - AdobeStock.com; Seite 5 © Bundesarchiv_Bild_116-168-618 - Wikipedia.de; Seite 6 © U.S. Navy - Wikipedia.de; Seite 7 © U.S. Army Lt. Moore. - Wikipedia.de; Seite 8 © www.archives.gov-research-ar - Wikipedia.de; Seite 9 © Nick Parrino - Wikipedia.de; Seite 10 © Wikipedia.de; Seite 11 © From Potsdam album, 1945 - Wikipedia.de; Seite 12 © Furfur - Wikipedia.de; Seite 13 © flickr.com - Wikipedia.de; Seite 14 © 509th Operations Group - Wikipedia.de; Seite 15 © FDRMRZUSA - Wikipedia.de; Seite 16 © B.C. Орлов (Vasily Sergeyevich Orlov) - Wikipedia.de; Seite 17 © Federal Archives Germany - Wikipedia.de; Seite 18 © Holger.Ellgaard - Wikipedia.de, © Wikipedia.de; Seite 19 © Stefan-Xp - Wikipedia.de; Seite 20 © USAF - Wikipedia.de; Seite 21 © Ericmetro - Wikipedia.de; Seite 22 © Bundesarchiv_Bild_183-90575-0004,_Walter_Ulbricht,_Hilde_Benjamin Junge, Peter Heinz - Wikipedia.de; Seite 23 © jgaray - Wikipedia.de; Seite 24 © U.S. Department of Defense Current Photos - Wikipedia.de; Seite 25 © Wikipedia.de; Seite 27 © US Government - National Archives and Records Administratio - Wikipedia.de, © Johannes Barre (IGEL) - Wikipedia.de; Seite 28 © KarleHorn - Wikipedia.de; Seite 29 © Gnesener1900 - Wikipedia.de; Seite 30 © Otto Donath - Wikipedia.de; Seite 31 © Heinz Behling - Wikipedia.de; Seite 33 © Dmitry Tretiakov - Wikipedia.de, © Bundesarchiv_Bild_146-2004-0092,_Andernach,_Adenauer_besucht_Bundeswehr; Seite 34 © Bundesarchiv_Bild_183-88574-0004,_Berlin,_Mauerbau,_Bauarbeiten; Seite 35 © Thierry Noir - Wikipedia.de; Seite 36 © Flickr_-_The_Central_Intelligence_Agency - Wikipedia.de; Seite 37 © Stadtarchiv Eisenach, Bild 40.5 402 - NN - CC-BY-SA - Wikipedia.de; Seite 36 © National Archives - Wikipedia.de; Seite 39 © 10_Soviet_Invasion_of_Czechoslovakia_-_Flickr_-_The_Central_Intelligence_Agency - Wikipedia.de; Seite 40 © Zenon Mirota - Wikipedia.de; Seite 41 © Wikipedia.de; Seite 43 © U.S. Army Military History Institute (USAMHI), Collection- Marshall, S.L.A. - Wikipedia.de, © Don-kun, NordNordWest - Wikipedia.de; Seite 44 © ISAF Headquarters Public Affairs Office - Wikipedia.de; Seite 46 © Bundesarchiv_B_145_Bild-F031406-0017,_Erfurt,_Treffen_Willy_Brandt_mit_Willi_Stoph; Seite 47 © Bundesarchiv, Bild 183-P0730-033 - Demme, Dieter - CC-BY-SA - Wikipedia.de; Seite 48 © Bogaerts, Rob - Anefo - Wikipedia.de; Seite 49 © RIA Novosti archive, image #850809 - Vladimir Vyatkin - CC-BY-SA 3.0 - Wikipedia.de; Seite 50 © Bundesarchiv_Bild_183-1989-1118-028,_Berlin,_Grenzübergang_Bornholmer_Straße; Seite 52 © Bundesarchiv_Bild_183-1990-1003-400,_Berlin,_deutsche_Vereinigung,_vor_dem_Reichstag; Seite 53 © Alex Zelenko - Wikipedia.de; Seite 54 © Wladimir Putin - Пресс-служба Президента Российской Федерации - wikipedia.de; Seite 55 © VOA-Crimea-Simferopol-airport - Elizabeth Arrott - wikipedia.de, © Government logo ru - wikipedia.de (Public domain); Seite 56 © Chief Photographer's Mate (CPHoM) Robert F. Sargent - Wikipedia.de; Seite 58 © Bundesarchiv, Bild 183-W0402-500 - Dissmann - CC-BY-SA 3.0 - Wikipedia.de; Seite 61 © Roger Wollstadt - Wikipedia.de; Seite 63 © Hellmuth Ellgaard 1913-1980 - Wikipedia.de; Seite 65 © Bundesarchiv_Bild_183-U1007-0009,_Berlin,_30._Jahrestag_DDR-Gründung,_Parade; Seite 67 © Cropped out by Keor - Wikipedia.de

Kontakt: Kohl-Verlag, An der Brennerei 37-45, 50170 Kerpen
Tel: +49 2275 331610, Mail: info@kohlverlag.de

Inhaltsverzeichnis

Lernwerkstatt KALTER KRIEG
Zwei Machtblöcke stehen sich gegenüber – Bestell-Nr. 12 189
KOHL VERLAG

Vorwort

Liebe Kolleginnen und Kollegen,

der Kalte Krieg hat sich tief in unser Bewusstsein eingeprägt. Vieles, mit dem wir heute zu tun haben, wäre ohne diese geschichtliche Epoche nicht zu verstehen. Der Zweite Weltkrieg hatte auf der ganzen Welt, vor allem aber in Europa, ungeheure Verwüstungen hinterlassen. Deutschland war ein Trümmerfeld, und noch wusste niemand, ob es sich jemals von der Menschheitskatastrophe zwischen 1939 und 1945 erholen würde. Immerhin, die Waffen schwiegen, und so war zu hoffen, dass nun friedlichere Zeiten begannen.

Diese Hoffnungen wurden sehr rasch enttäuscht. Nun besann man sich wieder darauf, dass die Welt in (mindestens) zwei große, weltanschaulich sehr unterschiedliche Blöcke aufgeteilt war. Sie wurden vertreten durch die mächtigen Vereinigten Staaten von Amerika und die nun infolge des Krieges auch zu einer Weltmacht herangewachsene Sowjetunion. Seit den vierziger Jahren entspann sich nicht nur eine Konkurrenz im Weltmaßstab, sondern die ganze Zeit über bestand die Möglichkeit zu einem militärischen Konflikt. Ein Krieg zwischen den Weltmächten und ihren Verbündeten wäre noch schlimmer geworden als der eben erst beendete Zweite Weltkrieg.

Für uns ist es besonders wichtig, dass sich Deutschland an der Demarkationsline zwischen den Konfliktparteien befand und dass dieses Land selbst in die Konflikte hineingezogen wurde. Die Grenze zwischen der Bundesrepublik und der DDR war die befestigte und streng bewachte Trennungslinie zwischen einander feindlich gesonnenen Systemen. Zwischen 1945 und 1990 kam es immer wieder zu krisenhaften Zuspitzungen, zu Unruhen und Aufständen, zum Rüstungswettlauf und zu den sogenannten Stellvertreterkriegen. Diese Situation änderte sich erst, als die Sowjetunion und der von ihr dominierte Ostblock auseinanderbrachen. In dieser Lage, einem so nicht zu erwartenden geschichtlichen Augenblick, gelang Deutschland die nationale Einigung.

Das vorliegende Heft dient dazu, den Schülern die wichtigsten Ereignisse des Kalten Krieges zu vermitteln. Zum Tatsachenwissen kommt die eigene Arbeit hinzu, die zum Verständnis des Ganzen beitragen soll.

Auch hier gilt, dass eine geschichtliche Darstellung auf Grund ihres begrenzten Umfangs nicht alles enthält, was wünschenswert wäre. Die Schüler werden aber immer wieder angehalten, weiter zu fragen und sich selbst auf die Suche zu begeben. Das gelingt dann besonders, wenn wir als Lehrer dazu beitragen, ihre Neugier und ihr Interesse zu wecken.

Viele Erfolge beim Einsatz der im Band enthaltenen Materialien wünscht Ihnen das Kohl-Verlagsteam und

Kurt Schreiner

Bedeutung der Symbole:

Einzelarbeit
EA

Partnerarbeit
PA

Schreibe ins Heft/ in deinen Ordner

Arbeiten in kleinen Gruppen

Arbeiten mit der ganzen Gruppe
GA

I. Zur Vorgeschichte

Der Zweite Weltkrieg

Immer wieder führten Kriege zu ungeheurem Leid und zu schrecklichen Zerstörungen. Manche wie der Dreißigjährige Krieg (1618-1648) und dann vor allem auch der Erste Weltkrieg (1914-1918) haben sich tief in das Gedächtnis der Menschen eingegraben. Als die bislang schrecklichste Menschheitskatastrophe gilt der Zweite Weltkrieg. Er begann am 1. September 1939 mit dem Überfall der deutschen Wehrmacht auf Polen und endete am 8. Mai 1945 mit einer beispiellosen militärischen Niederlage des Deutschen Reiches.

Der Krieg war eine Folge der verbrecherischen Expansionspolitik Adolf Hitlers. Als Führer und Reichskanzler sowie als Führer der Nationalsozialistischen Deutschen Arbeiterpartei (NSDAP) hatte er den Versuch unternommen, die Regelungen des Versailler Vertrages von 1919 rückgängig zu machen. Er ließ die Wehrmacht in das entmilitarisierte Rheinland einmarschieren (März 1936), erzwang den Anschluss Österreichs (März 1938) und des Sudetenlandes (September 1938) an das Deutsche Reich und besetzte schließlich die sogenannte „Resttschechei“ (März 1939).

Der Krieg war zunächst ein europäischer. Durch den Hitler-Stalin-Pakt vom 23. August 1939 hatte sich Hitler abgesichert. Im Falle eines Krieges würde sich die Sowjetunion unter der Führung Stalins zwar an der Kriegsbeute beteiligen (Ostpolen, Baltikum), selbst aber nicht in das Kriegsgeschehen eingreifen.

Wir wissen aus zuverlässigen Quellen, dass Hitler eine entscheidende militärische Machtprobe mit der Sowjetunion für unvermeidlich hielt. Es ging darum, das Bollwerk des Marxismus-Kommunismus von der Landkarte zu tilgen und gleichzeitig „Lebensraum“ für die Deutschen im Osten zu erobern. Am 22. Juni 1941 griff die deutsche Wehrmacht die Sowjetunion ohne Warnung und Kriegserklärung an. Hitler war davon überzeugt, dass er die UdSSR in einem weiteren „Blitzkrieg“ rasch besiegen und seine weltpolitischen Pläne voranbringen könnte.

Im gleichen Jahr traten die Vereinigten Staaten von Amerika in den Krieg ein. Anlass war ein Überfall der japanischen Luftflotte am 7. Dezember 1941 auf den US-Flottenstützpunkt Pearl Harbor auf Hawaii. Deutschland beantwortete die darauffolgende amerikanische Kriegserklärung an Japan, seinen Verbündeten, am 11. Dezember mit der Kriegserklärung an die USA. Aus dem europäischen Krieg war ein Weltkrieg geworden.

Fortan kämpften sowohl die Sowjetunion als auch die Vereinigten Staaten gegen das Deutsche Reich und seine Verbündeten. Gemeinsam musste es ihnen gelingen, die lebensbedrohliche Gefahr, die von Deutschland ausging, militärisch niederzuringen.

Am Anfang war keineswegs sicher, dass die Sowjetunion der ungeheuren Herausforderung gewachsen war. Möglicherweise überstand sie die Krise nur infolge massenhafter amerikanischer Hilfslieferungen. – Andererseits sah sich Deutschland nun einem militärischen Gegner gegenüber, der über schier unerschöpfliche Ressourcen an Menschen und Material verfügte. – War ein Sieg in dem gewaltigen Völkerringen unter diesen Voraussetzungen überhaupt noch denkbar?

Schlacht um Stalingrad, Oktober 1942

Lernwerkstatt KALTER KRIEG
Zwei Machtblöcke stehen sich gegenüber – Bestell-Nr. 12 189

I. Zur Vorgeschichte

Der Zweite Weltkrieg

EA

Aufgabe 1: *Wiederhole in Grundzügen das außen- und machtpolitische Vorgehen der Hitlerregierung.*

EA

Aufgabe 2: *Erarbeite mit deinen Klassen- bzw. Kurskameraden zusammen die wichtigsten Etappen des Zweiten Weltkriegs. Notiere sie.*

- *1. September 1939 – Überfall der deutschen Wehrmacht auf Polen*
- *...*
- *...*

EA

Aufgabe 3: *Warum sind der Einmarsch in die Sowjetunion (Russlandfeldzug) vom Juni 1941 und die Kriegserklärung an die USA vom Dezember desselben Jahres besonders erwähnenswert?*

Japanischer Überfall auf Pearl Harbor auf Hawaii, Dezember 1941

Was bedeutet der Begriff „Krieg"?

Der Krieg ist ein mit Waffen ausgetragener gewaltsamer Konflikt. Zumindest eine der Kriegsparteien versucht ihre Interessen (Kriegsziele) durchzusetzen. Die Gegenpartei wird gezwungen, sich mit Waffen zu schützen und zu verteidigen (Verteidigungskrieg). Auch sie setzt sich bestimmte Ziele für den Fall, dass es ihr gelingt, den Gegner zurückzuwerfen oder zu besiegen (Kriegsentschädigung).

Beide Kriegsparteien ringen um Überlegenheit. Sie hängt von der eigenen militärischen Stärke, u. a. von der Zahl der mobilisierbaren Soldaten und der Bewaffnung ab. Bedrohungssituationen führen in der Regel zu einem verschärften Wettrüsten.

Die Kriegsparteien nehmen in Kauf, dass Menschen (Soldaten und Zivilisten) verwundet und getötet bzw. dass große, den Feind schädigende materielle Zerstörungen angerichtet werden. Im Extremfall können die Lebensgrundlagen von Völkern vernichtet werden.

Der Krieg ist als Mittel der Politik in höchstem Maße umstritten. Die Pazifisten lehnen ihn grundsätzlich ab. Völkerrechtlich ist der Verteidigungskrieg allgemein anerkannt. Angriffskriege werden in aller Regel als völkerrechtswidrig und verbrecherisch gebrandmarkt.

I. Zur Vorgeschichte

Das Kriegsende

Die Schlacht um Stalingrad und der Untergang der 6. Armee im Winter 1942/43 bedeuteten die Wende des Krieges. Vielen Menschen, vor allem auch vielen Offizieren und Soldaten der Wehrmacht wurde bewusst, dass er nicht mehr zu gewinnen war.
Am 6. Juni 1944 landeten alliierte Streitkräfte im größten Invasionsunternehmen der Weltgeschichte an der Küste der Normandie. Von Frankreich aus begann der Vormarsch vor allem der Amerikaner auf das Reich. Nach Stalingrad waren die sowjetischen Truppen zum Angriff übergegangen und drängten die Wehrmacht immer weiter zurück nach Westen.
Anfang des Jahres 1945 waren große Teile des Deutschen Reiches bereits von alliierten Truppen besetzt.
In völlig aussichtsloser Lage verübte Adolf Hitler am 30. April 1945 Selbstmord. Eine gute Woche später, am 8. Mai 1945, erfolgte die bedingungslose Kapitulation des Deutschen Reiches und der Wehrmacht.

Unterzeichnung der Kapitulationsurkunde durch Generalfeldmarschall Keitel in Berlin-Karlshorst, 8. Mai 1945

Zur Bilanz des Krieges

Der Krieg hatte unfassbare Menschenverluste zur Folge. Durch unmittelbare Kriegseinwirkungen kamen zwischen 55 und 65 Millionen Frauen, Männer und Kinder ums Leben. Wenn man die im Zusammenhang mit dem Krieg durch Verbrechen oder an anderen Kriegsfolgen Verstorbenen mit einbezieht, erhöht sich die Zahl auf bis zu 80 Millionen.

Die Zahl der Todesopfer in Deutschland betrug etwa 7 Millionen, in Polen 6 Millionen. Ungeheuer waren die Menschenverluste in der Sowjetunion. Sie werden auf etwa 20 Millionen geschätzt. Hinzu kamen Millionen von Verwundeten, Kriegswaisen und Kriegerwitwen.

Die Sachschäden in Deutschland, Frankreich, Polen, Russland und in vielen anderen vom Krieg betroffenen Ländern waren unermesslich. In Köln wurden etwa 70 Prozent der Wohnungen zerstört, in Hamburg etwa 53 Prozent. – Beispiellos war die Zerstörung der polnischen Hauptstadt Warschau. Sie begann mit der Bombardierung zu Kriegsbeginn. Während des Warschauer Aufstands im Jahr 1944 und danach wurden weitere Teile der historischen Stadt von den deutschen Besatzungstruppen systematisch dem Erdboden gleichgemacht.

Lernwerkstatt KALTER KRIEG
Zwei Machtblöcke stehen sich gegenüber – Bestell-Nr. 12 189

I. Zur Vorgeschichte

Das Kriegsende

EA

Aufgabe 4: *Die Eröffnung einer zweiten Front durch die Westmächte war von Stalin, dem sowjetischen Staatsführer und Oberbefehlshaber, immer wieder gefordert worden. Welche Erwartungen verband er mit der Invasion in der Normandie?*

EA

Aufgabe 5: *Nenne Gründe für die bedingungslose Kapitulation der deutschen Wehrmacht.*

EA

Aufgabe 6: *Versuche dir die Zahl der Kriegsopfer und die materiellen Verluste anschaulich zu machen:*

a) 55 bis 80 Millionen Menschen starben. Vergleich diese Zahlen mit den Bevölkerungszahlen einiger europäischer Länder.

b) In Hamburg wurde mehr als die Hälfte der Wohnungen zerstört. Was hätte es für deinen eigenen Heimatort bedeutet, wenn er im Krieg ein ähnliches Schicksal erlitten hätte?

Das durch Luftangriffe zerstörte Köln, 1945

Albert Speer, Reichsminister für Bewaffnung, zitierte Hitlers Äußerungen vom 18. März 1945:

„Wenn der Krieg verloren geht, wird auch das Volk verloren sein. […] Es sei nicht notwendig, auf die Grundlagen, die das Volk zu seinem primitivsten Weiterleben braucht, Rücksicht zu nehmen. Im Gegenteil sei es besser, selbst diese Dinge zu zerstören. Denn das Volk hätte sich als das schwächere erwiesen und dem stärkeren Ostvolk gehöre dann ausschließlich die Zukunft. Was nach dem Kampf übrigbliebe, seien ohnehin nur die Minderwertigen – denn die Guten seien gefallen.“

I. Zur Vorgeschichte

Waffenbrüder

Nach dem Ersten Weltkrieg, der für die Vereinigten Staaten von Amerika einen enttäuschenden Ausgang genommen hatte, zog sich das Land weitestgehend aus den europäischen Querelen zurück und vertrat eine entschiedene Neutralitäts- und Isolationspolitik.

Das änderte sich schrittweise, als sich auch die USA durch die aggressiven Diktaturen in Europa, vor allem in Italien (Mussolini, seit 1922) und Deutschland (Hitler, seit 1933), Spanien (Franco, seit 1936) und den japanischen Angriff auf China (1937) bedroht fühlten. Ein deutliches Signal des Wandels war die Quarantänerede des amerikanischen Präsidenten Franklin Delano Roosevelt am 5. Oktober 1937. Sie zielte darauf, die aggressiven Mächte politisch zu isolieren.

Im Krieg ging Roosevelt einen entscheidenden Schritt weiter: Das Leih- und Pachtgesetz (Lend-Lease-Act) vom Februar 1941 ermöglichte es den USA, kriegswichtiges Material an die durch die Aggressoren bedrohten bzw. angegriffenen Länder zu liefern. Dazu gehörten Transportfahrzeuge und Nahrungsmittel, aber auch Flugzeuge, Waffen und Munition.

Das Leih- und Pachtgesetz war zunächst vor allem für das bedrängte Großbritannien und das Commonwealth gedacht. Nach dem deutschen Überfall auf die Sowjetunion im Juni 1941 wurde es auch hier angewendet. Dies ist insofern bemerkenswert, als die hochkapitalistischen USA und die bolschewistische UdSSR in ideologischer Hinsicht traditionelle Gegner waren. – Von namhaften Historikern wird der Lend-Lease-Act als eine Art von Kriegserklärung an das nationalsozialistische Deutschland gewertet.

Die USA lieferten den Russen im Rahmen des Gesetzes über 7.000 Panzer, 14.000 Kriegsflugzeuge, 13.000 Lokomotiven und Güterwagen, 90 Frachtschiffe. Sie halfen ihnen auf diese Weise, den deutschen Ansturm zu überstehen.

Der Eintritt der USA in den Zweiten Weltkrieg im Dezember 1941 bedeutete u. a. für Großbritannien, aber auch für die Sowjetunion eine enorme, längst überfällige militärische Entlastung. Lange hatte Stalin auf die Eröffnung einer zweiten Front gegen Deutschland im Westen gedrängt. Im Juni 1944 war es soweit: Unter der Führung der USA gelang den Westalliierten die Landung in der Normandie. In einem mörderischen, äußerst verlustreichen Kampf war es ihnen gelungen, auf französischem Boden Fuß zu fassen.

Amerikaner, Briten und Sowjets kämpften als Waffenbrüder gegen ihre gemeinsamen Feinde, vor allem gegen das mächtige Hitler-Deutschland.

Amerikanischer Konvoi mit Versorgungsgütern für die Sowjetunion, Iran 1943

I. Zur Vorgeschichte

Waffenbrüder

EA

Aufgabe 7: *Warum verabschiedeten sich die Vereinigten Staaten schrittweise von ihrer Neutralitätspolitik nach dem Ersten Weltkrieg?*

EA

Aufgabe 8: *Welche Länder wurden als kriegslüsterne Aggressoren eingestuft?*

EA

Aufgabe 9: *Mit seiner Quarantänerede wollte der US-Präsident Roosevelt eine Warnung aussprechen. An wen richtet sie sich?*

EA

Aufgabe 10: *Warum wurde das Leih- und Pachtgesetz auch auf die mit den USA ideologisch verfeindete Sowjetunion übertragen?*

GA

Aufgabe 11: *Diskutiert in eurer Klasse oder in eurem Kurs über die Notwendigkeit einer alliierten Invasion in Westeuropa.*

EA

Aufgabe 12: *Was bedeutet der Begriff „Waffenbrüder"?*

Deutscher Einmarsch in die Sowjetunion, 22. Juni 1941

EA

Aufgabe 13: *Vervollständige die folgenden Sätze:*

Hitler wollte Russland erobern, um dort den Marxismus-Leninismus auszulöschen und __________ für deutsche Siedler zu gewinnen.

Die Amerikaner erklärten Japan den Krieg, nachdem sie von der japanischen Luftflotte in _____ ______ überfallen worden waren.

Aus dem europäischen Krieg war ein _________ geworden.

Der amtierende britische Premierminister hieß _________, der US-Präsident _________.

Auf der Grundlage des Leih- und Pachtgesetzes lieferten die USA Nahrungs- und Transportmittel an die UdSSR, aber auch ______, z. B. ______ und _________.

Lernwerkstatt KALTER KRIEG
Zwei Machtblöcke stehen sich gegenüber – Bestell-Nr. 12 189
KOHL VERLAG

II. Die Neuordnung nach dem Krieg

Die Potsdamer Konferenz

Deutschland war besiegt. Eine deutsche Regierung und Eigenstaatlichkeit gab es nicht mehr. Das Land war von den alliierten Streitkräften besetzt. In ihren jeweiligen Machtbereichen, den **Besatzungszonen**, regierten die Oberbefehlshaber der amerikanischen, britischen und sowjetischen Truppen. Für Frankreich, das sich noch in der Schlussphase des Krieges an den Kämpfen gegen Deutschland beteiligt hatte, wurde etwas später eine vierte Besatzungszone eingerichtet.

Die Sowjetarmee hatte die deutsche Hauptstadt erobert und sich dadurch einen erheblichen politischen und strategischen Vorteil gesichert. Die westalliierten Siegermächte bestanden aber darauf, selbst auch dauerhaft in Berlin präsent zu sein. So wurde die Stadt in vier Sektoren aufgeteilt. Im Gegenzug zogen sich die Amerikaner aus den von ihnen eroberten Gebieten in Thüringen zurück und überließen sie den Sowjets.

Die Potsdamer (Berliner) Konferenz fand vom 17. Juli bis zum 2. August 1945 auf Schloss Cecilienhof in Potsdam statt. Hier bemühten sich die Staatschefs der Sowjetunion (Josef Stalin), der USA (Harry S. Truman) und Großbritanniens (Winston Churchill) um eine Neuordnung der politischen und territorialen Verhältnisse in Deutschland und Mitteleuropa.

Stalin befand sich in einer sehr günstigen Verhandlungsposition. Die Konferenz fand auf sowjetischem Besatzungsgebiet statt. Der amerikanische Kriegspräsident Roosevelt war bereits im April 1945 gestorben und durch den Vizepräsidenten Truman ersetzt worden. Im Verlauf der Konferenz musste Churchill seinen Platz am Konferenztisch räumen, weil seine Konservative Partei die Parlamentswahl verloren hatte. An seine Stelle trat Clement Attlee, der Vorsitzende der Labour Party.

Für Stalin war klar, dass die Sowjetunion für die ungeheuren Menschenverluste und für die astronomisch großen materiellen Schäden im Krieg angemessen entschädigt werden musste. Die in Potsdam zu treffenden Neuregelungen enthielten sehr viel Konfliktstoff. Sehr bald wurde deutlich, dass Stalin auf der einen und die Westalliierten auf der anderen Seite sehr unterschiedliche Ziele verfolgten.

Die Aufteilung Deutschlands in vier Zonen und Berlins in die vier Sektoren war bereits erfolgt. Nun wurde das deutsche Gebiet jenseits von Oder und Neiße (Ostgebiete) von Deutschland abgetrennt und der polnischen Verwaltung unterstellt. Das ostpreußische Gebiet um Königsberg (Kaliningrad) kam unter sowjetische Verwaltung. Über das weitere Schicksal dieser Territorien sollte in einem späteren Friedensvertrag entschieden werden.

Beschlossen wurde auch, dass die deutsche Bevölkerung der besetzten Gebiete (Polen, Tschechoslowakei, Ungarn) „in ordnungsgemäßer und humaner Weise" in das verbliebene Reichsgebiet überführt werden sollte.

Stalin, Truman, Churchill auf der Potsdamer Konferenz im August 1945.

Lernwerkstatt KALTER KRIEG
Zwei Machtblöcke stehen sich gegenüber – Bestell-Nr. 12 189

II. Die Neuordnung nach dem Krieg

Die Potsdamer Konferenz

EA

Aufgabe 1: *Welche Aufgaben hatte die Potsdamer Konferenz zu lösen?*

EA

Aufgabe 2: *Nenne den jeweiligen Hauptvertreter der Vereinigten Staaten, der Sowjetunion und des Vereinigten Königreichs (Großbritannien, zwei Namen).*

EA

Aufgabe 3: *Die Umsiedlung der Deutschen aus den polnisch verwalteten deutschen Ostgebieten, aus der Tschechoslowakei und Ungarn sollte „in ordnungsgemäßer und humaner Weise" erfolgen. Die Wirklichkeit sah oft sehr viel anders aus. – Kennst du Erzählungen über Flucht und Vertreibung der Deutschen aus den genannten Gebieten? Wie erklärt sich ihre oft unmenschliche Behandlung?*

EA

Aufgabe 4: *Was versteht man unter der „Westverschiebung Polens" (siehe Kartenskizze)?*

Westverschiebung Polens

EA

Aufgabe 5: *Welche politischen Ziele verfolgte der sowjetische Staatschef und Generalissimus Stalin?*

„Der Kalte Krieg bahnte sich bereits 1943/44 mit ersten großen Konflikten der Alliierten in der Anti-Hitler-Koalition an."

„Das Bündnis der Hitler-Gegner war ein reines Zweckbündnis gewesen, das keinerlei ideologische oder politische Basis besaß, die ein tragfähiges Fundament für die Zukunft hätte bilden können."

Der Historiker Manfred Görtemaker in einem Gespräch mit den „Potsdamer Neuesten Nachrichten" (2015)

Lernwerkstatt KALTER KRIEG
Zwei Machtblöcke stehen sich gegenüber – Bestell-Nr. 12 189

III. Der Beginn des Kalten Krieges

Frühe Konflikte

Der Anfang des Kalten Krieges zwischen den Westmächten und der Sowjetunion wird oft auf die Truman-Doktrin von 1947 datiert. Tatsächlich waren grundlegende Auffassungsunterschiede zwischen den Siegermächten bereits lange vorher sichtbar. Schon während des Krieges hatte es erste Konflikte gegeben, die aber durch die Betonung der „*Waffenbrüderschaft*“ überdeckt wurden. Während der Potsdamer Konferenz wurden gemeinschaftliche Ziele formuliert. Dazu gehörten die gemeinsame Verwaltung des besetzten Deutschlands, dessen Demilitarisierung und Entnazifizierung. Für die Zukunft wurde ein demokratischer Neuanfang gefordert.

Allerdings zeigte sich sehr rasch, dass die jeweiligen Mächte diese Forderungen unterschiedlich interpretierten. Amerika erstrebte ein marktwirtschaftlich-liberales Wirtschaftssystem und eine Demokratie nach amerikanisch-westeuropäischem Vorbild. Die Sowjetunion favorisierte eine sozialistische Form der Demokratie und im Sinne ihrer politischen Doktrin eine Planwirtschaft. Über die ideologischen Unterschiede hinaus kämpften beide Mächte um die Vorherrschaft. Die kurz zuvor entwickelte **Atombombe** wurde erstmals am 6. und 9. August 1945 eingesetzt. Durch die Bombardierung von Hiroshima und Nagasaki in Japan erzwangen die USA das Ende des Zweiten Weltkriegs im pazifischen Raum. – Die Sowjetunion verfügt erst seit 1949 über die Atombombe.

Längst tobte ein **Propagandakrieg** zwischen den ideologisch so unterschiedlichen Systemen. Aber dabei blieb es nicht. Stalins Versuch, den sowjetischen Machtbereich Schritt für Schritt zu vergrößern, konnte nicht unbeantwortet bleiben. Unmittelbar nach dem Krieg hatte er den Versuch unternommen, im Iran (Persien) eine kommunistische Regierung einzusetzen. In Griechenland tobte ein blutiger Bürgerkrieg. Es bestand die Gefahr, dass hier die Kommunisten die Macht ergreifen würden. Auch in anderen europäischen Ländern, u. a. in Italien und Frankreich, hatten die Kommunisten in der Notzeit nach dem Krieg erheblich an Einfluss gewonnen.

Für die Einschätzung des Problems ist wichtig, was in Deutschland und vor allem in der **Sowjetischen Besatzungszone (SBZ)** geschah. Einschneidend war die von der Besatzungsmacht erzwungene **Bodenreform**. Im Sinne der kommunistischen Ideologie wurden Großgrundbesitzer, die mehr als 100 Hektar Fläche besaßen, entschädigungslos enteignet. Enteignet wurden auch kleinere Betriebe, wenn ihre Besitzer NSDAP-Mitglieder oder Kriegsverbrecher gewesen waren.

Früh hatte die sowjetische Militäradministration die Gründung politischer Parteien zugelassen, unter anderem der Kommunistischen Partei Deutschland (KPD) und der Sozialdemokratischen Partei Deutschlands (SPD). Weitere Parteien kamen hinzu. Das schlechte Abschneiden der Kommunisten in Österreich und Ungarn veranlasste die Sowjets, ihre politische Taktik zu ändern. Statt auf einen Sieg der Kommunisten zu hoffen, betrieb sie nun die Vereinigung der beiden Arbeiterparteien KPD und SPD. Sie fand im April 1946 in Berlin statt. Es ist davon auszugehen – das zeigte eine Umfrage in Westberlin –, dass die überwältigende Mehrheit der SPD-Mitglieder diese Vereinigung ablehnte.

Die sich zunächst demokratisch gebende **Sozialistische Einheitspartei Deutschlands (SED)** verwandelte sich bis 1948 in eine marxistisch-leninistische Partei „neuen Stils“, eine kommunistische Kaderpartei.

Logo der SED

Lernwerkstatt KALTER KRIEG
Zwei Machtblöcke stehen sich gegenüber – Bestell-Nr. 12 189
KOHL VERLAG

III. Der Beginn des Kalten Krieges

Frühe Konflikte

EA

Aufgabe 1: *Die Westmächte und die UdSSR vertraten sehr unterschiedliche politische und wirtschaftliche Ordnungsvorstellungen. Charakterisiere die Unterschiede in Stichwörtern.*

EA

Aufgabe 2: *Wann und wo wurde die Atombombe erstmals militärisch eingesetzt?*

Atombombenwolke über Hiroshima, 6. August 1945

EA

Aufgabe 3: *Was bedeutet der Begriff „Propagandakrieg"? Mit welchen Mitteln wurde die politische Propaganda betrieben?*

EA

Aufgabe 4: *Die von den Sowjets durchgeführte Bodenreform bedeutete einen tiefen Einschnitt in die Besitzverhältnisse und die gesellschaftliche Struktur der Sowjetischen Besatzungszone. Welche Absicht verfolgten Stalin und die Sowjetische Militäradministration?*

EA

Aufgabe 5: *Wie kam es zur Gründung der Sozialistischen Einheitspartei Deutschlands (SED) in der SBZ?*

EA

Aufgabe 6: *Was symbolisiert das Parteilogo der SED?*

Aus dem Parteiprogramm der SED von 1946:

„Die bitteren Erfahrungen der Vergangenheit lehren, dass die Arbeiterklasse nur dann die Führung im Aufbau der neuen, freien, unteilbaren deutschen Republik haben wird und zur Umgestaltung der gesamten politischen, wirtschaftlichen, kulturellen und geistigen Beziehungen, zum Aufbau des Sozialismus nur schreiten kann, wenn sie die Spaltung in ihren eigenen Reihen überwindet, die Sozialistische Einheitspartei schafft und das ganze werktätige Volk um sich sammelt."

III. Der Beginn des Kalten Krieges

Die Truman-Doktrin

Mit dem Zusammenbruch des Deutschen Reiches hatten die alliierten Oberbefehlshaber die Regierungsgewalt in Deutschland übernommen. Um die Deutschland insgesamt betreffenden Fragen regeln zu können, entstand der **Alliierte Kontrollrat** für die vier Besatzungszonen bzw. die **Alliierte Kommandantur** für die vier Sektoren von Berlin. Von Anfang an kam es unter den Mitgliedern zu schwerwiegenden Konflikten, vor allem durch das wiederholte sowjetische und französische Veto. Bereits seit 1946 war der Kontrollrat nur noch eine „*Fassade*". Zwar wurde er nicht aufgelöst, die Sowjets verweigerten aber seit 1948 die Mitarbeit.

Die USA waren aus den bereits genannten Gründen alarmiert. Stalin versuchte seinen bzw. den russischen Machtbereich auszudehnen und bediente sich dazu vor allem auch der von Moskau abhängigen kommunistischen Parteien. Sein Ziel war offensichtlich, westlich und südwestlich der sowjetischen Staatsgrenze einen von Moskau aus dirigierten kommunistischen Staatenblock zu errichten. In der SBZ hatte der Prozess der politisch-sozialen Umgestaltung im Sinne der sowjetischen Staatsdoktrin längst begonnen.

In das Jahr 1947 fiel der gewissermaßen offizielle Beginn des Kalten Krieges. Aber eigentlich hatte der bereits längst begonnen. Der amerikanische Präsident Harry S. Truman nahm den griechischen Bürgerkrieg, der eine Machtergreifung der Kommunisten in Athen befürchten ließ, zum Anlass für eine programmatische Rede **(Truman-Doktrin)**. Am 12. März 1947 verkündete er: „*Sie [die von der Sowjetunion ausgehende Entwicklung] stützt sich auf Terror und Unterdrückung … Ich bin der Ansicht, dass wir den freien Völkern beistehen müssen … Wir müssen sofort und entschlossen handeln …*"

Truman und weite Teile der politischen Elite in Amerika waren der Auffassung, dass die seinerzeit gegenüber Hitler betriebene Appeasement-Politik sich nicht wiederholen dürfe, weil sie nur zu neuen Übergriffen ermutige. Die Politik der **Eindämmung** wurde für die folgenden Jahre und Jahrzehnte zum außenpolitischen Dogma. Sie setzte folgerichtig eine **Politik der Stärke** voraus.

Die Sowjetunion antwortete auf das amerikanische Vorgehen und eröffnete damit ihrerseits offiziell den Kalten Krieg. Die programmatischen Erklärungen des Kreml-Chefideologen Andrej Schdanow im September 1947 stützen sich auf Äußerungen Stalins, der von der Unvermeidbarkeit von Kriegen mit dem Kapitalismus gesprochen hatte. Auf Dauer könne es zwischen dem „imperialistisch-antidemokratischen" und dem „antiimperialistisch-demokratischen" Lager **(Zwei-Lager-Theorie)** keinen Frieden geben.

US-Präsident Harry S. Truman (1884 - 1972)

Lernwerkstatt KALTER KRIEG
Zwei Machtblöcke stehen sich gegenüber – Bestell-Nr. 12 189

III. Der Beginn des Kalten Krieges

Die Truman-Doktrin

EA

Aufgabe 7: *Welche Aufgabe war dem Alliierten Kontrollrat in Berlin zugedacht worden?*

EA

Aufgabe 8: *Worum ging es in der sogenannten Truman-Doktrin?*

EA

Aufgabe 9: *Warum wird hier die Bezeichnung „Doktrin" verwendet? (Kläre den Begriff ggf. mit dem Internet oder einem Lexikon.)*

EA

Aufgabe 10: *Die Amerikaner hatten die Appeasement-Politik der Briten gegenüber Hitler in schlechter Erinnerung. Woran lag das?*

EA

Aufgabe 11: *Erkläre den Zusammenhang zwischen der Politik der Eindämmung und der Politik der Stärke.*

EA

Aufgabe 12: *Was bedeutet der Begriff „Zwei-Lager-Theorie"? Warum gingen die Sowjets davon aus, dass zwischen den beiden Lagern ein dauerhafter Friede nicht möglich sei?*

Sowjetische Idylle (Orlow: Heimatland)

Propaganda und Geheimdienste

Die Auseinandersetzungen zwischen den beiden ideologisch so unterschiedlichen Blöcken wurden von einem wahren **Propagandakrieg** begleitet. Jedes System versuchte mit allen ihm zur Verfügung stehenden Mitteln seine Vorzüge herauszustreichen. Die Sowjetunion steigerte ihr internationales Ansehen enorm mit dem Start des Sputniks, des ersten künstlichen Erdsatelliten, im Jahr 1957. Die USA zogen nach und unternahmen im Jahr 1969 erfolgreich eine Landung auf dem Mond.

Im Untergrund arbeiteten die **Geheimdienste**, um wichtige Informationen über die militärische Rüstung und die politischen Vorhaben der Gegner zu erkunden. Vieles geschah außerhalb der üblichen Legalität. Gelegentlich scheuten sie selbst vor Morden nicht zurück. Sowohl die USA als auch die UdSSR beteiligten sich an zahlreichen Konflikten in anderen Ländern, indem sie die ihnen genehme Konfliktpartei (Regierungen oder Aufständische) mit Waffen, Soldaten und militärischer Logistik ausstatteten.

Im Ostblock waren die Diskriminierung und Verfolgung der politischen Gegner angeblich ideologisch gerechtfertigt. Im Westen wurden linkssozialistische und kommunistische Strömungen bekämpft und oft verboten **(Antikommunismus).** Besonders drastische Maßnahmen dieser Art in den USA in den frühen fünfziger Jahren sind mit dem Namen des US-Senators McCarthy verbunden.

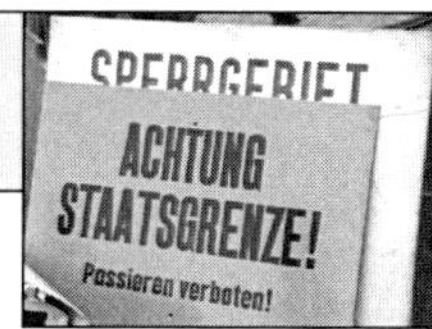

Der Marshall-Plan

Eine der Hauptaufgaben der amerikanischen Außenpolitik bestand darin, den nach dem schrecklichen Krieg Not leidenden europäischen Staaten zu helfen und ihnen die Möglichkeit zu geben, zu geordneten politischen und wirtschaftlichen Verhältnissen zurückzukehren. Damit verringerte sich die Gefahr, dass sie sich dem Kommunismus zuwandten und Stalins Einfluss in Europa noch weiter verstärkten. – Die amerikanische Hilfe ist also in direktem Zusammenhang mit der Truman-Doktrin von 1947 und der amerikanischen **Eindämmungspolitik** (containment policy) zu sehen. Sie entsprach so auch den außenpolitischen Eigeninteressen der USA.

Das große, überaus wirkungsvolle amerikanische Hilfsprogramm war der **Marshall-Plan** (European Recovery Program, ERP). Es wurde nach seinem Initiator, dem amerikanischen Außenminister George C. Marshall, benannt.

Das Programm wurde im April 1948 beschlossen und sah vor, die europäischen Staaten mit Krediten, Lebensmitteln und anderen Waren auszustatten. Es war als Hilfe zur Selbsthilfe gedacht und war auf vier Jahre befristet. In dem genannten Zeitraum leisteten die USA Wirtschaftshilfe in Höhe von über 13 Milliarden US-Dollar (nach heutigem Wert etwa 130 Milliarden US-Dollar).

Auch die osteuropäischen Länder waren eingeladen, sich am Marshall-Plan zu beteiligen. Inzwischen hatten sich die Fronten zwischen West und Ost aber so verhärtet, dass Stalin ihnen die Teilnahme daran verbot.

Wichtig ist, dass auch Deutschland am Hilfsprogramm teilnehmen durfte. Das bedeutete einen dramatischen Wandel der amerikanischen Deutschlandpolitik. Nach 1945 hatten die Siegermächte die Auffassung vertreten, dass Deutschland für seine Schuld am Krieg, für die unsäglichen Untaten und die entstandenen Menschen- und Materialverluste zur Rechenschaft gezogen werden müsse. Die USA verordneten ein Fraternisierungsverbot (Verbrüderungsverbot), das ihren Dienststellen und Soldaten einen vertraulichen Umgang mit den Deutschen verbot.

Der Gesinnungswandel ist – wie gesagt – vor allem durch die kommunistische Bedrohung zu erklären. Offensichtlich wirkten hier auch geschichtliche Erfahrungen nach: Bekanntlich hatten die Friedensregelungen von Versailles nach dem Ersten Weltkrieg mit dazu beigetragen, die politischen und wirtschaftlichen Verhältnisse in Deutschland und Mitteleuropa zu destabilisieren.

Plakat der Marshallplan-Hilfe 1949

KOHL VERLAG Lernwerkstatt KALTER KRIEG Zwei Machtblöcke stehen sich gegenüber – Bestell-Nr. 12 189

III. Der Beginn des Kalten Krieges

Der Marshall-Plan

EA

Aufgabe 13: *Erinnere dich: Welche Absicht verfolgte der US-Präsident mit der nach ihm benannten Truman-Doktrin?*

EA

Aufgabe 14: *Versuche dir vorzustellen, in welcher wirtschaftlichen Situation sich die europäischen Länder (vor allem Deutschland, Großbritannien und Frankreich) nach dem Ende des Zweiten Weltkrieges befanden.*

EA

Aufgabe 15: *Was bedeutet „European Recovery Program", die offizielle Bezeichnung des Marshall-Plans?*

EA

Aufgabe 16: *Nahrungsmittel sind in Notzeiten wichtig. Aber wozu werden Kredite gebraucht?*

EA

Aufgabe 17: *Warum verbot Stalin den osteuropäischen Ländern die Teilnahme am Marshall-Plan?*

EA

Aufgabe 18: *Warum befand sich Deutschland nach dem Krieg in einer völlig anderen außenpolitischen Lage als z. B. Großbritannien oder Frankreich?*

Marshallplan-Schild

US-Außenminister George C. Marshall (1880-1959)

„Es wäre weder angebracht noch zweckmäßig, wenn die Regierung der Vereinigten Staaten von sich aus ein Programm entwerfen würde, um die wirtschaftliche Wiederaufrichtung Europas durchzuführen. Das ist Sache der Europäer selbst. Ich denke, die Initiative muss von Europa ausgehen. Unsere Rolle sollte darin bestehen, den Entwurf eines europäischen Programms freundschaftlich zu fördern und später dieses Programm zu unterstützen, soweit das für uns praktikabel ist."
(George C. Marshall)

IV. Gefährliche Zuspitzungen

Die Berliner Blockade

Die Reichshauptstadt Berlin war in der Schlussphase des Krieges von sowjetischen Truppen besetzt worden. Die Westalliierten drängten darauf, hier auch dauerhaft präsent zu sein. Im Tausch gegen das bereits von den Amerikanern besetzte Thüringen erhielten die Westalliierten – neben der Sowjetunion – jeweils einen Sektor von Großberlin. Das westliche Besatzungsgebiet lag wie eine Insel in der Sowjetischen Besatzungszone und seit 1949 dann in der DDR.

Alle Versuche, für Deutschland eine gemeinsame, von allen Besatzungsmächten getragene Lösung zu finden, scheiterten. Längst gingen die Westalliierten und die Sowjetunion jeweils eigene Weg. Vieles deutete darauf hin, dass die USA und ihre Verbündeten beabsichtigten, einen selbstständigen Weststaat zu errichten.

Die Reichsmark war noch immer das gültige Zahlungsmittel. Allerdings war ihr Wert wegen der gewaltigen Verschuldung des Deutschen Reiches infolge des Krieges dramatisch gesunken. Vielfach wurde nicht mehr mit Geld, sondern mit Waren bezahlt. Das Wirtschaftsleben war auf die primitive Form der Naturalwirtschaft, den Tauschhandel, herabgesunken.

Ohne die Sowjetunion zu informieren, führten die Westmächte am 20. Juni 1948 in ihren drei Zonen und in den Westsektoren von Berlin durch die **Währungsreform** eine neue Währung ein. An die Stelle der Reichsmark trat nun die Deutsche Mark (DM). – Sie sollte sich als eine sehr stabile Währung erweisen. Bis zum Jahr 2002 blieb sie das gültige Zahlungsmittel in Westdeutschland und dann in Gesamtdeutschland.

Die Sowjetunion antwortete auf das westliche Vorgehen mit einer heftigen Gegenreaktion. Sie sperrte die Land- und Wasserwege nach Westberlin und verhinderte damit, dass der Millionenstadt auf diesen Wegen die unverzichtbaren Waren (Lebensmittel, Maschinen, Heizmaterial u. v. m.) geliefert werden konnten. Stalin wollte die Westmächte so zum Einlenken zwingen. Möglicherweise hoffte er auch, durch die nun zu erwartende Hungerblockade ganz Berlin dem sowjetischen Machtbereich einverleiben zu können.

Die Westalliierten waren nicht bereit, vor dem sowjetischen Übergriff zu kapitulieren. – Die Flugverbindungen waren nicht gesperrt worden, vermutlich deshalb, weil diese Maßnahme mit großer Wahrscheinlichkeit einen Krieg zwischen den Westmächten und der UdSSR ausgelöst hätte. – Sie antworteten auf die sowjetische Provokation mit einer ungeheuer aufwändigen Hilfsaktion, der sogenannten **Luftbrücke**. Mit rund 200.000 Flügen über das Gebiet der Sowjetischen Besatzungszone lieferten sie all das, was in den Berliner Westsektoren benötigt wurde. Bei der riskanten Aktion kamen etwa 100 Menschen ums Leben.

Durch die Luftbrücke gelang es den Westmächten, die Freiheit von Westberlin zu behaupten. Das große Engagement der Westalliierten führte dazu, dass sich das Verhältnis zwischen den Besatzungsmächten und der Berliner Bevölkerung erheblich verbesserte. – Stalin musste erkennen, dass sein Plan fehlgeschlagen war. Am 12. Mai 1949 wurden die Verbindungswege zwischen Westdeutschland und Westberlin wieder geöffnet.

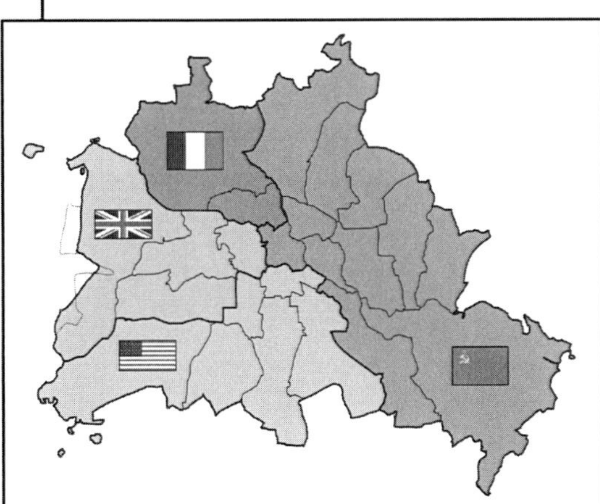

Vier-Sektoren-Stadt Berlin

IV. Gefährliche Zuspitzungen

Die Berliner Blockade

EA

Aufgabe 1: *Bei der Aufteilung Deutschlands in vier Besatzungszonen erhielt die Reichhauptstadt Berlin einen Sonderstatus. Beschreibe.*

EA

Aufgabe 2: *Erläutere die geografische und politische Sondersituation der von den Alliierten besetzten Stadt.*

EA

Aufgabe 3: *Warum war eine einheitliche Deutschlandpolitik zwischen den Westmächten auf der einen und der Sowjetunion auf der anderen Seite nicht mehr möglich?*

EA

Aufgabe 4: *Aus welchen Gründen erschien eine Währungsreform (Währungsschnitt) unumgänglich?*

EA

Aufgabe 5: *Was wollte Stalin durch die Blockade der Land- und Wasserwege nach Westberlin erzwingen?*

EA

Aufgabe 6: *Die Berliner Luftbrücke war eine geschichtlich einmalige, risikoreiche Hilfsaktion. Warum entschieden sich die Westalliierten für diese riskante Unternehmung?*

EA

Aufgabe 7: *In der Presse und der Literatur wird Westberlin immer wieder als „Frontstadt" bezeichnet. Wie ist dieser Begriff gemeint?*

Landung eines Transportflugzeugs („Rosinenbomber") in Berlin-Tempelhof

Einige Zahlen:

- Einwohnerzahl von Westberlin: 2,1 Millionen
- Nahrungsvorräte in der eingeschlossenen Stadt: für 36 Tage
- Kohlevorräte: für 45 Tage
- Tagesbedarf: etwa 4.500 Tonnen Güter
- Flughäfen: Berlin-Tempelhof, Gatow, Tegel
- Kosten der Luftbrücke: etwa 1 Milliarde Dollar
  (Davon entfielen etwa 75 Prozent auf die USA.)

Lernwerkstatt KALTER KRIEG
Zwei Machtblöcke stehen sich gegenüber – Bestell-Nr. 12 189
KOHL VERLAG

IV. Gefährliche Zuspitzungen

Der Ostblock I

Stalin hatte bereits bei Kriegsende damit begonnen, den russisch-sowjetischen Machtbereich in Osteuropa auszubauen und zu stabilisieren. Dafür gab es günstige Voraussetzungen: Die Rote Armee hatte große Teile Ostdeutschlands und vor allem auch die Reichshauptstadt Berlin erobert. Auf der Potsdamer Konferenz im Juli/August 1945 trat der sowjetische Staatschef und Generalissimus selbstbewusst und fordernd auf. Er dachte gar nicht daran, auf die territorialen Erwerbungen der Sowjetunion zu verzichten. Dabei störte es ihn nicht, dass diese Erwerbungen auf dem Deutsch-Sowjetischen Nichtangriffsvertrag vom August 1939 gründeten.

Damals hatten die beiden Diktatoren Hitler und Stalin ihre Interessengebiete abgesteckt. Die UdSSR würde im Fall eines Krieges die baltischen Staaten Litauen, Lettland und Estland sowie Ostpolen erhalten. Polen würde nach Westen verschoben (Westverschiebung Polens) und durch die von der Roten Armee eroberten deutschen Ostgebiete jenseits von Oder und Neiße entschädigt werden. Das bedeutet u. a., dass viele Polen ihre angestammte Heimat verlassen mussten und in das nun unter polnischer Verwaltung stehende Ostpreußen, Pommern, Brandenburg (teilweise) oder Schlesien umgesiedelt wurden.

Die Sowjetisierung der „Ostzone" begann unmittelbar nach dem Krieg. Die Zwangsvereinigung von SPD und KPD im April 1946 diente dem Ziel, ein den Sowjets genehmes, von ihnen abhängiges sozialistisches System einzurichten. Die aus der SBZ im Oktober 1949 hervorgegangene Deutsche Demokratische Republik (DDR) war eine „Volksdemokratie" im Sinne Stalins.

Schritt für Schritt gelang es der Sowjetunion, mehrere Staaten in ihre Interessensphäre eng an sich zu binden, so eng, dass im Westen bald die Sammelbezeichnung „Ostblock" entstand. Dazu gehörten die DDR, Polen, die Tschechoslowakei, Ungarn, Bulgarien und Rumänien, bis in die sechziger Jahre auch Albanien. Bei der Machtergreifung spielten die von Moskau gelenkten kommunistischen Parteien in mehreren Ländern eine entscheidende Rolle.

Emblem der Kommunistischen Partei der Tschechoslowakei

Das kommunistische Jugoslawien mit den Teilrepubliken Slowenien, Kroatien, Bosnien und Herzegowina, Serbien, Montenegro und Mazedonien gehörte nicht zum Ostblock. Dem Staatschef Tito gelang es, die Unabhängigkeit seines Landes von der Sowjetunion zu behaupten und einen eigenen Kurs zu steuern (Titoismus). Tito war folgerichtig einer der Gründer der Bewegung der Blockfreien Staaten. Jugoslawien war ein wichtiges Mitglied.

Der Bezeichnung „Ostblock" wurde auch in einem weiteren Sinne verwendet. Gelegentlich zählte man auch die inzwischen kommunistisch beherrschten Länder außerhalb Europas dazu: die Mongolei (1924/1946), Nordvietnam (1945/1954), Nordkorea (1948), China (1949) und Kuba (1959).

Lernwerkstatt KALTER KRIEG
Zwei Machtblöcke stehen sich gegenüber – Bestell-Nr. 12 189

IV. Gefährliche Zuspitzungen

Der Ostblock II

Die europäischen Ostblockländer waren politisch und wirtschaftlich eng miteinander verbunden. Hinzu kam die unbestreitbare Führungsrolle der Sowjetunion. Verbindendes waren:

- die gemeinsame marxistisch-leninistische Ideologie. Die sowjetische KPdSU beanspruchte eine ideologische und organisatorische Führungsrolle im Weltkommunismus
- die organisierte wirtschaftliche Zusammenarbeit und Aufgabenteilung. Dem diente der **Rat für gegenseitige Wirtschaftshilfe** (engl. **COMECON** = Council for Mutual Economic Assistance) von 1949
- ein gemeinsames Militärbündnis: der **Warschauer Pakt** von 1955

Die Satellitenstaaten der Sowjetunion wurden als „**Volksdemokratien**" bezeichnet. Dieser Begriff sollte sie deutlich von den westlichen „Demokratien" unterscheiden. Wichtig war, dass hier das „Volk", die Werktätigen, Arbeiter und Bauern, vertreten durch ihre marxistische Partei, den bestimmenden politischen Einfluss besaßen. Andere Parteien wurden geduldet, aber nur dann, wenn sie sich deren Führungsanspruch unterwarfen.

Die Zeit des Stalinismus war gekennzeichnet durch Kollektivierungen und Enteignungen, eine politisch gleichgeschaltete, parteiische Rechtsprechung, die Allgegenwart der Geheimpolizei und der Staatssicherheit. Im Sinne der marxistisch-leninistischen Klassenkampftheorie mussten die alten Besitz- und Machtverhältnisse zerschlagen und das „falsche Bewusstsein" der Menschen durch ein neues, sozialistisches ersetzt werden. Die kommunistischen Parteien wurden wiederholten Säuberungen unterworfen, um Abweichler (z. B. Sozialdemokraten in der SBZ) aus ihren Reihen zu entfernen. Wo sich Widerstand zeigte, wurde er rücksichtslos und gewaltsam unterdrückt.

Hilde Benjamin, genannt „Rote Hilde", DDR-Justizministerin, die an zahlreichen Schauprozessen beteiligt war (hier mit dem Staatsratsvorsitzenden Walter Ulbricht)

„Von Stettin an der Ostsee bis Triest an der Adria hat sich ein Eiserner Vorhang auf Europa herabgesenkt. Dahinter liegen all die Hauptstädte der alten Staaten Mittel- und Osteuropas. Warschau, Berlin, Prag, Wien, Budapest, Belgrad, Bukarest und Sofia. Diese berühmten Städte und die Bevölkerung ringsum liegen alle im sowjetischen Wirkungskreis, so muss ich es nennen, und unterliegen, auf die eine oder andere Weise, nicht bloß sowjetischem Einfluss, sondern zu einem sehr hohen und in einigen Fällen zunehmendem Maße der Lenkung durch Moskau."

(Winston Churchill, 5. März 1946)

Lernwerkstatt KALTER KRIEG
Zwei Machtblöcke stehen sich gegenüber – Bestell-Nr. 12 189

IV. Gefährliche Zuspitzungen

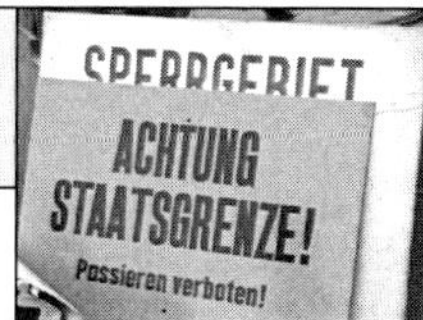

Der Ostblock I + II

EA

Aufgabe 8: *Wiederhole. Welche wichtigen Vereinbarungen enthielt der Deutsch-Sowjetische Nichtangriffspakt vom August 1939?*

EA

Aufgabe 9: *Was bedeutete die Westverschiebung Polens für die davon betroffenen Menschen?*

EA

Aufgabe 10: *Welche europäischen Länder gehörten zum Ostblock?*

EA

Aufgabe 11: *Nenne die außereuropäischen Länder, die kommunistisch regiert wurden.*

EA

Aufgabe 12: *Warum beanspruchte die Sowjetunion die uneingeschränkte Führungsrolle im Ostblock?*

EA

Aufgabe 13: *Wie heißen die großen wirtschaftlichen und die militärischen Zusammenschlüsse der europäischen Ostblockstaaten?*

EA

Aufgabe 14: *Charakterisiere den Unterschied zwischen den westlichen Demokratien und den Volksdemokratien.*

EA

Aufgabe 15: *Wie versuchten die Machthaber im Ostblock ihre Macht und ihre Weltanschauung durchzusetzen und zu behaupten?*

EA

Aufgabe 16: *Was verstand man ursprünglich unter einem „eisernen Vorhang"? (Hilfsmittel erlaubt) – Warum verwendete Churchill diesen Begriff?*

EA

Aufgabe 17: *Was fehlt in den folgenden Sätzen. Ergänze:*

Das kommunistische Land ____________ auf dem Balkan gehörte nicht zum Ostblock.

Im Jahr ____ gründeten die Kommunisten unter ___ _______ (___ ___-____) die Volksrepublik China.

Das außereuropäische kommunistische Land _________ liegt nicht in Asien, sondern in Amerika.

Die Abkürzung „Stasi" steht für _______________________ _____________ .

Emblem der Stasi

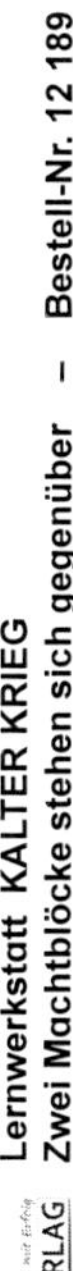
KOHL VERLAG Lernwerkstatt KALTER KRIEG Zwei Machtblöcke stehen sich gegenüber – Bestell-Nr. 12 189

IV. Gefährliche Zuspitzungen

Die NATO und der Rüstungswettlauf

Sehr bald zeigte sich, dass die Phase der emotional geprägten Waffenbrüderschaft zwischen den alliierten Siegermächten zu Ende gegangen war. Von nun an herrschte tiefes Misstrauen zwischen den Westmächten und der Sowjetunion. Beide Seiten rechneten mit der Möglichkeit einer militärischen Auseinandersetzung in absehbarer Zeit – und dafür mussten sie ausreichend gerüstet sein. Ein hektischer **Rüstungswettlauf** begann, der im Grunde bis zum Ende des Ostblocks in den Jahren 1990/91 andauerte.

In einer Hinsicht waren die USA der Sowjetunion überlegen: Sie besaßen die **Atombombe**. Wie schrecklich die Wirkung dieser neuen Waffe war, erfuhr die Weltöffentlichkeit, als die USA sie im August 1945 über Hiroshima und Nagasaki abwarfen. Zehntausende Menschen starben augenblicklich, viele in den folgenden Jahren und Jahrzehnten an den Folgen der radioaktiven Verstrahlung. Die USA wollten Japan zur Kapitulation zwingen und damit den noch immer andauernden Krieg im Pazifik beenden.

Heute ist oft schon vergessen, welche Bedeutung der Atombombe in den seinerzeitigen strategischen Planungen zukam. Um der gewaltigen sowjetischen Militärmacht im Kriegsfall gewachsen zu sein, planten die USA einen atomaren Vergeltungsschlag, der mit 133 Atombomben 70 sowjetische Städte treffen sollte (später 50 Bomben, 20 Städte).

Seit 1949 besaß auch die UdSSR Atombomben. Unverhältnismäßig zerstörerischer war die **Wasserstoffbombe**. Die USA verfügten seit 1952, die Sowjetunion seit 1953 über diese schreckliche Waffe. Die erste von den USA gezündete Bombe hatte eine Sprengkraft, die 800mal so groß war wie die der Hiroshima-Atombombe.

Die atomaren Arsenale der beiden Supermächte wurden systematisch ausgebaut, um das „Gleichgewicht des Schreckens“ aufrecht erhalten zu können. Bald war die Menge der eingelagerten Waffen so groß, dass sie ausgereicht hätten, um die gesamte Erde zu vernichten (Overkill).

Die USA waren die westliche Führungsmacht. Um sich und die westliche Welt vor einem weiteren Ausgreifen der Sowjetunion zu schützen, gründeten sie, vor allem auch auf Bitten der sich bedroht fühlenden westeuropäischen Staaten, im Jahr 1949 den **Nordatlantikpakt** (**NATO**, *North Atlantic Treaty Organization*).

Die NATO ist ein kollektives Verteidigungsbündnis der westlichen Wertegemeinschaft. Es verpflichtet die Mitglieder, Konflikte nach Möglichkeit friedlich beizulegen. Im Fall eines Angriffs auf ein Mitgliedsland entsteht der sogenannte Bündnisfall und die daraus folgende Bündnispflicht. Welche Maßnahmen die einzelnen Staaten konkret ergreifen, entscheiden sie selbst. Der Bündnisfall wurde bisher nur ein einziges Mal ausgerufen, und zwar nach den Terroranschlägen vom 11. September 2001 in New York und Washington.

Internationale Zusammenarbeit im Rahmen der NATO

IV. Gefährliche Zuspitzungen

Die NATO und der Rüstungswettlauf

EA

Aufgabe 18: *Wie entstand der sogenannte Rüstungswettlauf?*

EA

Aufgabe 19: *Seit wann verfügten die USA und die UdSSR über die Atom- und die Wasserstoffbombe?*

EA

Aufgabe 20: *Wo und wann wurde die Atombombe militärisch eingesetzt?*

EA

Aufgabe 21: *Was bedeutet „Overkill" im Zusammenhang mit der Nuklearrüstung?*

EA

Aufgabe 22: *Was bedeutet die Abkürzung „NATO" (deutsch/englisch)?*

EA

Aufgabe 23: *Eine Frage vorab: Ist die Bundesrepublik Deutschland Mitglied der NATO?*

GA

Aufgabe 24: *Diskutiere mit deinen Klassen- oder Kurskameraden den nachfolgenden Text. Was wird hier über die Bestandspflicht der einzelnen NATO-Mitglieder festgestellt?*

Natovertrag von 1949, Artikel 5

„Die vertragsschließenden Staaten sind darüber einig, dass ein bewaffneter Angriff gegen einen oder mehrere von ihnen in Europa oder Nordamerika als ein Angriff gegen sie alle betrachtet werden wird, und infolgedessen kommen sie überein, dass im Falle eines solchen bewaffneten Angriffs jeder von ihnen in Ausübung des in Artikel 51 der Charta der Vereinten Nationen anerkannten Rechts zur persönlichen oder gemeinsamen Selbstverteidigung den Vertragsstaat oder die Vertragsstaaten, die angegriffen werden, unterstützen wird, indem jeder von ihnen für sich und im Zusammenwirken mit den anderen Vertragsstaaten diejenigen Maßnahmen unter Einschluss der Verwendung bewaffneter Kräfte ergreift, die er für notwendig erachtet, um die Sicherheit des nordatlantischen Gebietes wiederherzustellen und aufrechtzuerhalten.

Jeder derartige bewaffnete Angriff und alle als dessen Ergebnis ergriffenen Maßnahmen sollen dem Sicherheitsrat unverzüglich gemeldet werden. Diese Maßnahmen sind zu beenden, sobald der Sicherheitsrat die zur Wiederherstellung und Aufrechterhaltung des Völkerfriedens und der internationalen Sicherheit notwendigen Maßnahmen getroffen hat."

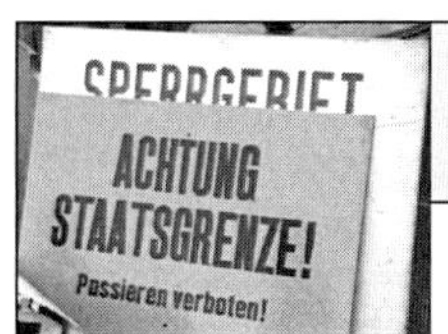

IV. Gefährliche Zuspitzungen

Der Koreakrieg

Das große und bevölkerungsreiche Kaiserreich China war 1911/12 Republik geworden. Über viele Jahre herrschte nun Bürgerkrieg, Die Japaner nutzten die Schwäche des Landes und überfielen es im Jahr 1937. Der Chinesisch-Japanische Krieg dauerte bis 1945.

Noch war nicht entschieden, wer das Reich fortan regieren sollte. Zwei mächtige Gruppen kämpften um die Macht, auf der einen Seite die Nationalisten unter der Führung des Generals Chiang Kai-shek (Tschiang Kai Schek), auf der anderen die Kommunisten unten Mao Zedong (Mao Tse-tung). Es entsprach der Logik der inzwischen entstandenen Machtblöcke, dass Chiang von den Amerikanern, Mao von den Sowjets unterstützt wurde.

Nach einem endlos langen, zermürbenden Bürgerkrieg siegten die Kommunisten über die Nationalisten. Am 1. Oktober 1949 rief Mao in Peking die **Volksrepublik China** aus. Der Weltkommunismus hatte einen erneuten, diesmal besonders gewaltigen Sieg errungen. – Chiang Kai-shek floh mit seinen Anhängern auf die dem Festland vorgelagerte Insel Formosa und gründete hier die westlich orientierte *„Republik China" (Nationalchina).* Sie betrachtete sich als Fortsetzung bzw. Nachfolgerin der im Jahr 1912 entstandenen chinesischen Republik.

Korea war bis 1945 japanische Kolonie. Nun wurde es von den beiden Besatzungsmächten, den USA und der UdSSR, in einen südlichen und einen nördlichen Teil aufgespalten. Sie wurden im Jahr 1948 selbstständige Staaten. In beiden Teilen war der Gedanke an eine Rückeroberung des verlorenen Gebietes lebendig.

Der **Koreakrieg** begann am 25. Juni 1950 mit dem Angriff Nordkoreas auf Südkorea. Aus dem kalten Krieg war ein „heißer" Krieg geworden. Er war der erste der sogenannten **Stellvertreterkriege**. Ost und West standen einander – wenn auch nicht direkt – gegenüber. Die im fernen Osten stattfindenden Ereignisse wurden in Europa mit großer Aufmerksamkeit beobachtet und verstärkten die Angst vor einem militärischen Konflikt im Westen.

Tatsächlich war die Sowjetunion an der Vorbereitung des Angriffs beteiligt gewesen. Die Volksrepublik China unterstützte ihn mit zunächst 200.000 vermeintlich „Freiwilligen".

Im Sinne der Containment-Politik reagierte die USA unter Präsident Truman augenblicklich. Sie beantragten ein Mandat des UN-Sicherheitsrats und konnte in der Folgezeit mit einer Allianz mehrerer westliche Staaten den Kampf an der Seite Südkoreas aufnehmen.

Der Krieg war langwierig und verlustreich. Letzten Endes erwies sich, dass keine der beiden Seiten einen entscheidenden, die Landkarte grundlegend verändernden Sieg zu erringen vermochte.

Besonders bemerkenswert in diesem Zusammenhang ist freilich, dass der amerikanische Oberkommandierende MacArthur den Einsatz von Nuklearwaffen für zwingend erforderlich hielt. Ein Atomkrieg schien in greifbarer Nähe zu sein. Dazu kam es deshalb nicht, weil US-Präsident Truman eine Eskalation des Kriegs mit unkalkulierbaren Risiken ablehnte und MacArthur seines Amtes enthob.

Der Krieg endete mit dem **Waffenstillstand von Panmunjom** im Juli 1953. Das Land blieb in ein kommunistisch beherrschtes Nordkorea und ein westlich orientiertes Südkorea geteilt. – Der Konflikt konnte bis heute nicht behoben werden. Nordkorea wird von einer autoritär kommunistischen Führung unter Kim Jong Un beherrscht, die außenpolitisch weitgehend isoliert wurde, die aber wegen ihrer abenteuerlichen Droh- und Einschüchterungspolitik weltweite Ablehnung bewirkte.

IV. Gefährliche Zuspitzungen

Der Koreakrieg

Zivilisten im Koreakrieg

EA

Aufgabe 25: *Informiere dich mithilfe des Atlasses über die geografische Lage der Volksrepublik China, der Republik China (Taiwan), Nord- und Südkoreas sowie Japans.*

EA

Aufgabe 26: *Die kommunistische Machtübernahme in China im Jahr 1949 war ein weltpolitisch sehr wichtiges Ereignis. Warum?*

EA

Aufgabe 27: *Nenne Ursachen für den Koreakrieg von 1950?*

EA

Aufgabe 28: *Der Koreakrieg wird (wie spätere Kriege) oft als „Stellvertreterkrieg" bezeichnet. Was ist damit gemeint?*

EA

Aufgabe 29: *Warum engagierten sich die USA und zahlreiche andere westliche Staaten im Koreakrieg?*

EA

Aufgabe 30: *War die Gefahr eines Atomkriegs realistisch?*

EA

Aufgabe 31: *Informiere dich über die aktuelle politische und wirtschaftliche Lage in Nordkorea (Zeitung, Fernsehen, Internet).*

Korea heute

Lernwerkstatt KALTER KRIEG
Zwei Machtblöcke stehen sich gegenüber – Bestell-Nr. 12 189
KOHL VERLAG

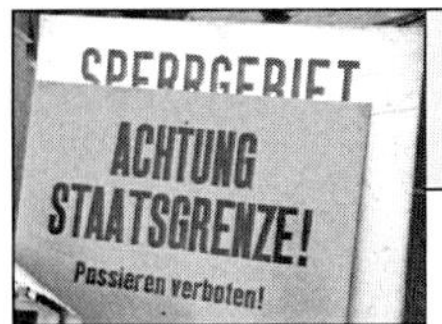

V. Deutschland im Kalten Krieg

Die deutsche Teilung – Die Bundesrepublik

Von Anfang an hatte sich die Entwicklung in den drei Westzonen und in der Ostzone unter dem Einfluss der Besatzungsmächte unterschiedlich vollzogen. Die staatliche Einigung Deutschlands war in weite Ferne gerückt. In der Sowjetischen Besatzungszone trieb Stalin die sozialistische Umgestaltung der Gesellschaft voran. Die Westalliierten, angeführt durch die USA, wollten Deutschland nach einer gewissen Übergangszeit und der „Umerziehung" der Bevölkerung zu einer Demokratie nach westlichem Muster umgestalten. Seit 1947/48 waren sie bereit und entschlossen, eigene Wege zu gehen.

Eine besonders wichtige Etappe auf dem Weg zur Eigenstaatlichkeit der Westzonen war die **Währungsreform** vom 20. Juni 1948 mit der Einführung der Deutschen Mark (DM) in den Westzonen und in Westberlin. Die sowjetische Militäradministration antwortete darauf am 23. Juni 1948 mit der Einführung einer neuen Währung für das Gebiet der SBZ und für Gesamt-Berlin (**Mark der deutschen Notenbank**). Allerdings verboten die westlichen Stadtkommandanten augenblicklich die Einführung der neuen „Ostmark" in den drei Westsektoren. Von nun an war Deutschland endgültig wirtschaftlich gespalten. Zwischen den beiden Wirtschaftssystemen und den neuen Währungen entspann sich ein Konkurrenzkampf, der bis zum Ende der DDR und der deutschen Teilung andauerte.

Vorausgegangen war unter dem Einfluss der Besatzungsmächte eine einschneidende Neuordnung der Länderaufteilung in Westdeutschland. Das Land Preußen hatte de facto bereits seit Kriegsende nicht mehr Bestand. Im Jahr 1947 wurde es offiziell für aufgelöst erklärt. Neue Länder, u. a. Nordrhein-Westfalen und Rheinland-Pfalz, entstanden.

Bald darauf forderten die westlichen Militärbefehlshaber die Ministerpräsidenten der westdeutschen Länder auf, eine verfassunggebende Versammlung für Westdeutschland einzuberufen. Sie sollte aus Abgeordneten der einzelnen Länder zusammengesetzt werden. Am 1. September 1948 trat der **Parlamentarische Rat** in Bonn erstmals zusammen. Seine Aufgabe bestand darin, für den neu zu schaffenden deutschen Weststaat eine Verfassung zu erarbeiten. Mit Rücksicht auf die besondere Situation Deutschlands wurde sie als „Grundgesetz" bezeichnet.

Als alle Länder – mit Ausnahme von Bayern – dem Verfassungsentwurf zugestimmt hatten, wurde das Grundgesetz am 23. Mai 1949 verkündet. Damit war die Gründung der **Bundessrepublik Deutschland** vollzogen. – Die Sowjetische Besatzungszone antwortete knapp ein halbes Jahr später mit der Gründung der Deutschen Demokratischen Republik (DDR).

Der Parlamentarische Rat hat das vorstehende Grundgesetz für die Bundesrepublik Deutschland in öffentlicher Sitzung am 8. Mai des Jahres Eintausendneunhundertneunundvierzig mit dreiundfünfzig gegen zwölf Stimmen beschlossen. Zu Urkunde dessen haben sämtliche Mitglieder des Parlamentarischen Rates die vorliegende Urschrift des Grundgesetzes eigenhändig unterzeichnet.

BONN AM RHEIN, den 23. Mai des Jahres Eintausendneunhundertneunundvierzig.

PRÄSIDENT DES PARLAMENTARISCHEN RATES

I. VIZEPRÄSIDENT DES PARLAMENTARISCHEN RATES

II. VIZEPRÄSIDENT DES PARLAMENTARISCHEN RATES

25 JAHRE BUNDESREPUBLIK DEUTSCHLAND 1949-1974

Sonderpostkarte der Deutschen Bundespost, 25 Jahre Grundgesetz, 1974

Lernwerkstatt KALTER KRIEG
Zwei Machtblöcke stehen sich gegenüber – Bestell-Nr. 12 189
KOHL VERLAG

Die deutsche Teilung – Die Bundesrepublik

EA

Aufgabe 1: *Warum entschlossen sich die Westmächte, für die Westzonen – unabhängig von den Sowjets – eigene Wege zu gehen?*

EA

Aufgabe 2: *Was bedeutete die Währungsreform im Westen für die Teilung Deutschlands?*

EA

Aufgabe 3: *Von wem ging die Initiative für die Ausarbeitung einer eigenständigen westdeutschen Verfassung aus?*

EA

Aufgabe 4: *Wie hieß die verfassunggebende Versammlung und wo tagte sie?*

EA

Aufgabe 5: *Mit der Verkündigung des „Grundgesetzes" war die Bundesrepublik Deutschland" gegründet. Wann geschah das?*

Wappen der Bundesrepublik Deutschland (hier auf dem Schild einer Botschaft)

EA

Aufgabe 6: *Die Präambel des Grundgesetzes enthielt das sogenannte „Wiedervereinigungsgebot". Was bedeute das für die politischen Instanzen in der Bundesrepublik?*

„Im Bewusstsein seiner Verantwortung vor Gott und den Menschen, von dem Willen beseelt, seine nationale und staatliche Einheit zu wahren und als gleichberechtigtes Glied in einem vereinten Europa dem Frieden der Welt zu dienen, hat das Deutsche Volk in den Ländern Baden, Bayern, Bremen, Hamburg, Hessen, Niedersachsen, Nordrhein-Westfalen, Rheinland-Pfalz, Schleswig-Holstein, Württemberg-Baden und Württemberg-Hohenzollern, um dem staatlichen Leben für eine Übergangszeit eine neue Ordnung zu geben, kraft seiner verfassungsgebenden Gewalt dieses Grundgesetz der Bundesrepublik Deutschland beschlossen. Es hat auch für jene Deutschen gehandelt, denen mitzuwirken versagt war. Das gesamte Deutsche Volk bleibt aufgefordert, in freier Selbstbestimmung die Einheit und Freiheit Deutschlands zu vollenden."
(Fassung von 1949)

Lernwerkstatt KALTER KRIEG
Zwei Machtblöcke stehen sich gegenüber – Bestell-Nr. 12 189

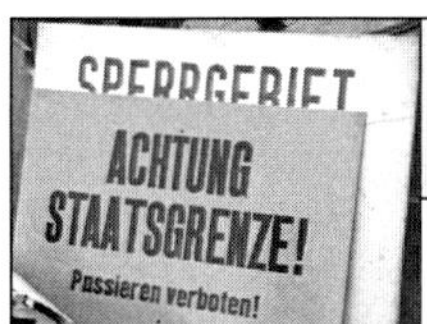

V. Deutschland im Kalten Krieg

Die deutsche Teilung – Die Deutsche Demokratische Republik

Längst war die Aufspaltung Deutschlands in zwei ganz unterschiedliche politische Systeme sichtbar geworden. Eine Wiedervereinigung, die beide Seiten befriedigte, erschien unmöglich. Sehr konsequent bemühten sich sowohl die Westmächte als auch die Sowjetunion, ihre Herrschaft in den jeweiligen Besatzungsgebieten auszubauen und zu stabilisieren. Die Währungsreformen vom 20. Juni 1948 in den Westzonen und in Westberlin sowie am 23. Juni in der SBZ und in Ostberlin vertiefte die Spaltung und ließen sich nicht ohne Weiteres rückgängig machen.

Deutschland war ein besetztes Land. Es gab keine staatliche Souveränität und keine deutsche Regierung. Noch immer bestimmten die Besatzungsmächte in West und Ost, wie die Entwicklung weitergehen sollte. Schritt für Schritt wurde den Deutschen aber gestattet, sich wieder am politischen Leben zu beteiligen. Sie konnten Gemeinde- und Kreisräte wählen und schließlich auch Landtage für die wiedererstandenen bzw. neu gebildeten Länder.

In der SBZ waren die Weichen längst für ein sozialistisches, der Sowjetunion gefügiges Staatswesen gestellt. In diesem Zusammenhang spielte der erzwungene Zusammenschluss von SPD und KPD zur Sozialistischen Einheitspartei Deutschlands (SED) im April 1946 eine wichtige Rolle. Noch wurde der demokratische Anschein gewahrt. Die sowjetische Militäradministration erlaubte auch die Gründung anderer Parteien. Das ist insofern bemerkenswert, als es in der Sowjetunion, dem „Mutterland des Kommunismus", nur eine Partei, die Kommunistische Partei der Sowjetunion (KPdSU), gab. Bis zum Jahr 1948 hatte sich die SED aber zu einer marxistisch-leninistischen „Partei neuen Stils" gewandelt. Die noch vorhandenen sozialdemokratischen Einflüsse waren systematisch ausgemerzt worden.

Im Mai 1949 war auf dem Gebiet der drei Westzonen auf westalliierten Wunsch und mit westalliierter Genehmigung der neue Weststaat, die Bundesrepublik Deutschland, entstanden. Auch in der SBZ liefen bereits die Vorbereitungen für ein eigenes, allerdings völlig anders gestaltetes Staatswesen. Ein Volksrat, in dem die SED die Mehrheit besaß, arbeitete seit 1948 an einem Verfassungsentwurf für eine zu gründende Deutsche Demokratische Republik. Sie wurde vom Zweiten Volksrat, der sich zur Provisorischen Volkskammer erklärt hatte, am 7. Oktober 1949 beschlossen. Damit war ein zweiter deutscher Staat, die DDR, entstanden.

Gründung der DDR am 7. Oktober 1949 (rechts vorn Staatspräsident Wilhelm Pieck)

Die deutsche Teilung – Die Deutsche Demokratische Republik

EA

Aufgabe 7: *Die Verfassung ist ein Staatsgrundgesetz.*

a) Mit welchen wichtigen Themen befasst sie sich? (Hilfsmittel, u.a. der Text des Grundgesetzes von 1949, erlaubt)

b) Welcher Zusammenhang besteht zwischen den Vorschriften des Grundgesetzes und allen anderen Rechtsvorschriften?

EA

Aufgabe 8: *Wer war für die Ausarbeitung einer Verfassung in den drei Westzonen bzw. in der SBZ zuständig?*

EA

Aufgabe 9: *Wann und durch wen wurde die Deutsche Demokratische Republik (DDR) gegründet?*

EA

Aufgabe 10: *Welche Aussagen im nachfolgenden Text hältst du für besonders wichtig?*

Staatswappen der DDR (seit 1955)

Verfassung der Deutschen Demokratischen Republik (Fassung von 1968)

Artikel 1:

„Die Deutsche Demokratische Republik ist ein sozialistischer Staat der Arbeiter und Bauern. Sie ist die politische Organisation der Werktätigen in Stadt und Land unter der Führung der Arbeiterklasse und ihrer marxistisch-leninistischen Partei. [...]

Das Staatswappen der Deutschen Demokratischen Republik besteht aus Hammer und Zirkel, umgeben von einem Ährenkranz, der im unteren Teil von einem schwarz-rot-goldenen Band umschlungen ist.“

Artikel 2:

„(1) Alle politische Macht in der Deutschen Demokratischen Republik wird von den Werktätigen in Stadt und Land ausgeübt. Der Mensch steht im Mittelpunkt aller Bemühungen der sozialistischen Gesellschaft und ihres Staates. Die weitere Erhöhung des materiellen und kulturellen Lebensniveaus des Volkes auf der Grundlage eines hohen Entwicklungstempos der sozialistischen Produktion, der Erhöhung der Effektivität, des wissenschaftlich-technischen Fortschritts und des Wachstums der Arbeitsproduktivität ist die entscheidende Aufgabe der entwickelten sozialistischen Gesellschaft. [...]

(3) Die Ausbeutung des Menschen durch den Menschen ist für immer beseitigt. Was des Volkes Hände schaffen, ist des Volkes Eigen. Das sozialistische Prinzip „Jeder nach seinen Fähigkeiten, jedem nach seiner Leistung“ wird verwirklicht.“

Lernwerkstatt KALTER KRIEG
Zwei Machtblöcke stehen sich gegenüber – Bestell-Nr. 12 189

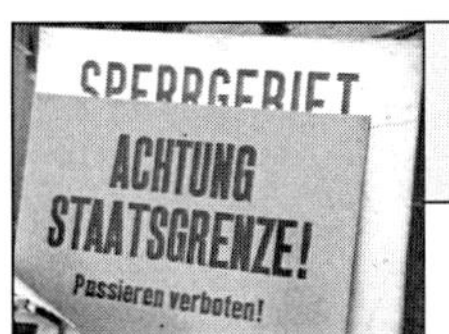

V. Deutschland im Kalten Krieg

Die Wiederbewaffnung Westdeutschlands

Die Deutschen hatten den Krieg, der von ihnen ausgegangen war, verloren. Nun lag es im gemeinsamen Interesse der Siegermächte, das Land zu schwächen und ihm jede Möglichkeit zu nehmen, eines Tage wieder einmal einen Krieg zu beginnen. Die Deutschen galten als gefährlich und militaristisch. Die Propaganda der Sieger stellte einen direkten Zusammenhang zwischen den Kriegen Friedrichs des Großen von Preußen, der durch Kriege gekennzeichneten Einigungspolitik Bismarcks und der Eroberungspolitik Adolf Hitlers her. Die Folge war eine radikale und totale **Entwaffnung** Deutschlands nach der Kapitulation. Auch Millionen von Deutschen solidarisierten sich mit der Parole „*Nie wieder Krieg*". Konrad Adenauer, Bundeskanzler von 1949 bis 1963, verkündete: „*Ich bin stolz darauf, nie Soldat gewesen zu sein.*" Und Franz Josef Strauß, der spätere Verteidigungsminister, formulierte noch drastischer: „*Die Hand soll verdorren, die jemals wieder ein Gewehr anfasst!*"

Von einer Wiederbewaffnung Deutschlands in West und Ost, einem Symbol nationaler Souveränität, konnte fürs Erste überhaupt nicht die Rede sein, das auch deshalb nicht, weil Deutschland ja gar nicht souverän war. Rasch aber wuchsen die Spannungen zwischen den Westalliierten und der Sowjetunion. Die Euphorie der unmittelbaren Nachkriegszeit wich einem neuen machtpolitischen Realismus. Von nun an konnte ein Waffengang zwischen den beiden im Entstehen begriffenen Blöcken und den von ihnen vertretenden, völlig entgegengesetzten Weltanschauungen nicht mehr ausgeschlossen werden. Der Rüstungswettlauf hatte begonnen.

Zunächst betraf das die drei Westzonen und die Sowjetische Besatzungszone (Ostzone) nicht. Nun aber gestatteten die Besatzungsmächte, dass wenigstens die Polizei wieder Waffen tragen durfte und dass zusätzlich bewaffnete Polizeieinheiten aufgestellt wurden. Das galt vor allem für den **Bundesgrenzschutz** im Westen. Zunächst verfügten die einzelnen Länder nur über eine Bereitschaftspolizei. Unter dem Eindruck des Kalten Krieges gestatteten die Besatzungsmächte schließlich seit 1951 die Aufstellung einer bewaffneten und militärisch organisierten Grenztruppe. Sie wurde vor allem auch durch die Wiederverwendung ehemaliger Wehrmachtsoffiziere und Mannschaften der Wehrmacht ermöglicht. Im Gegensatz zu den Bereitschaftspolizeien der Länder war sie eine Bundespolizei.

Der Gesinnungswandel der Westalliierten wurde vor allem durch den im Jahr 1950 ausgebrochenen **Koreakrieg** beschleunigt. Nun bedrängten sie die junge Bundesrepublik, sich an den enormen Verteidigungslasten des Westens zu beteiligen und eine eigene bewaffnete Truppe aufzustellen. Bundeskanzler Konrad Adenauer sah darin die Möglichkeit, für den westdeutschen Teilstaat die politische Souveränität zu erlangen.

Tatsächlich sprach sich der Deutsche Bundestag im Februar 1952 auf Antrag der Regierung mehrheitlich für einen deutschen Verteidigungsbeitrag aus. – Die SPD hatte diesen Antrag abgelehnt. – In der Bevölkerung kam es zu sehr emotional geführten, zum Teil erbitterten Auseinandersetzungen um den deutschen Wehrbeitrag.

Durch die Pariser Verträge vom Mai 1955 wurde die Bundesrepublik Deutschland Mitglied der Westeuropäischen Union. Am 9. Mai 1955 trat sie der **NATO**, dem westlichen Verteidigungsbündnis unter der Führung der USA, bei. Der Aufbau der **Bundeswehr** konnte beginnen. Viele der neuen Offiziere hatten bereits bis 1945 in der Wehrmacht gedient.

V. Deutschland im Kalten Krieg

Die Wiederbewaffnung in der DDR

In der Sowjetischen Besatzungszone wurden – ähnlich wie im Westen – zunächst bewaffnete und kasernierte Polizeieinheiten aufgestellt. Sie hießen seit 1952 Kasernierte Volkspolizei.

Aus ihr ging in der Folgezeit die Armee der DDR hervor. Sie war im Prinzip bereits 1952 von der Volkskammer proklamiert worden und wurde dann 1956 – nach der Bundeswehr – mit der Genehmigung der Sowjetunion offiziell begründet. Sie nannte sich Nationale Volksarmee (NVA). Auch in die NVA wurden Soldaten der ehemaligen Wehrmacht übernommen, allerdings vergleichsweise wenige Offiziere.

Die Sowjetunion hatte versucht, die Aufnahme der Bundesrepublik in die NATO zu verhindern. Als ihr das nicht gelang, machte sie ihre Drohung wahr und gründete zusammen mit den Ostblockstaaten ein eigenes militärisches Bündnissystem, den Warschauer Pakt. Er trat im Juni 1955 offiziell in Kraft.

Logo Warschauer Pakt

EA

Aufgabe 11: *Warum wurde Jahre nach der Kapitulation Deutschlands über die Wiederbewaffnung Westdeutschlands nachgedacht?*

EA

Aufgabe 12: *Warum war die Gründung des Bundesgrenzschutzes ein wichtiger Schritt auf dem Weg zur Remilitarisierung?*

EA

Aufgabe 13: *Warum wurden die Auseinandersetzungen über den westdeutschen Wehrbeitrag besonders hart und emotional geführt?*

EA

Aufgabe 14: *Wann und in welchem politisch-organisatorischen Rahmen erfolgte die westdeutsche Wiederbewaffnung?*

EA

Aufgabe 15: *Wie entstand die Nationale Volksarmee in der DDR?*

Bundeskanzler Adenauer besucht die neugegründete Bundeswehr in Andernach, 1956

Lernwerkstatt KALTER KRIEG
Zwei Machtblöcke stehen sich gegenüber – Bestell-Nr. 12 189

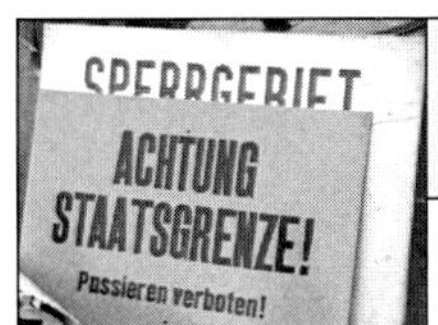

V. Deutschland im Kalten Krieg

Die Berliner Mauer

Die Sowjetische Besatzungszone bzw. die DDR waren schrittweise gegenüber den Westzonen bzw. der Bundesrepublik abgeriegelt worden. Dadurch sollten der Grenzübertritt und vor allem die Flucht in den Westen verhindert werden. Die sogenannte Republikflucht, schon der Versuch, wurde streng bestraft. Aber noch immer gab es die Möglichkeit, die DDR über Westberlin zu verlassen. Wer hier, z. B. mit der Ost und West verbindenden S-Bahn angekommen war, konnte mit dem Flugzeug nach Westdeutschland weiterreisen.

Die Fluchtwelle wurde für die DDR zu einem existenzdrohenden Problem. Viele junge und oft sehr gut ausgebildete Menschen verließen aus Unzufriedenheit mit den wirtschaftlichen und politischen Verhältnissen das Land. So entstand ein bedrohlicher Mangel an Arbeits- und vor allem auch Fachkräften. Die Lage spitzte sich ganz besonders im Jahr 1961 zu. Im Juli hatten 30.000 Personen der DDR den Rücken gekehrt, am 12. August, einen Tag vor dem Mauerbau, waren es 3.190.

In dieser Lage entschloss sich die DDR-Führung zu einem dramatischen Handstreich. – Er war insgeheim zwischen dem Staatsratsvorsitzenden der DDR und dem Ersten Sekretär der SED Walter Ulbricht sowie dem sowjetischen Staats- und Parteichef Nikita S. Chruschtschow abgesprochen worden. – Am 13. August 1961 ließ sie die Grenze zwischen Ost- und Westberlin sowie zwischen Westberlin und dem umgebenden DDR-Gebiet hermetisch abriegeln. Der Bau der Grenzsperren war ohne jede Ankündigung erfolgt. Im Gegenteil: Noch am 15. Juni hatte Ulbricht beteuert: „Niemand hat die Absicht, eine Mauer zu errichten."

Der Bau der Berliner Mauer war einer der Höhepunkt des Kalten Krieges. Nun waren West- und Ostdeutschland endgültig völlig voneinander getrennt. Wer dennoch die Mauer zu überwinden versuchte, musste damit rechnen, von den Grenzbewachern erschossen zu werden (Schießbefehl). Die Zahl der Mauertoten wird auf 139 geschätzt. Darunter waren 101 Flüchtlinge aus der DDR.

Bau der Berliner Mauer, 1961

Nur noch für ganz wenige Personen gab es die Möglichkeit, in den Westen zu reisen, wie beispielsweise Rentner sowie international wirkende Künstler und Sportler.

Die Berliner Mauer bestand bekanntlich 28 Jahre lang. Ihr Ende kam völlig überraschend. Unter dem Druck der Ereignisse sah sich die DDR im Herbst 1989 gezwungen, ihren Bürgern die seit langem geforderte uneingeschränkte Reisefreiheit zu gestatten. Noch in der Nacht des 9. November wurde die Grenze nach Westberlin geöffnet. Das Ende der DDR war nur noch eine Frage der Zeit.

Lernwerkstatt KALTER KRIEG
Zwei Machtblöcke stehen sich gegenüber – Bestell-Nr. 12 189

V. Deutschland im Kalten Krieg

Die Berliner Mauer

EA

Aufgabe 16: *Warum wurde in der DDR die Republikflucht bestraft?*

EA

Aufgabe 17: *Die Berliner Mauer wurde seitens der DDR als „Antifaschistischer Schutzwall" bezeichnet. Kannst du dir dafür Gründe denken?*

EA

Aufgabe 18: *Die sowjetische Führung hatte sich zunächst geweigert, Ost- und Westberlin durch eine befestigte Grenzanlage trennen zu lassen. Warum willigte Chruschtschow im August 1961 dennoch in den Plan der DDR-Führung ein?*

EA

Aufgabe 19: *Was bedeutet die Mauer für die Berliner und darüber hinaus für alle DDR-Bürger?*

EA

Aufgabe 20: *Wann wurde die Berliner Mauer geöffnet?*

Berliner Mauer mit Grenzstreifen

Ergänze die folgenden Sätze:

Im Osten wurde Ostberlin offiziell als ___________ ___ ___ bezeichnet.

Das ______________ Tor ist eine der bekanntesten Sehenswürdigkeiten Berlins. Hier verlief die Berliner Mauer.

Die Berliner Mauer wurde ohne Vorankündigung am ___ _______ ____ errichtet.

Dem Bau der Mauer ging eine Absprache zwischen dem DDR-Staatsratsvorsitzenden ________ und dem sowjetischen Staatschef _____________ voraus.

Die Anwendung des ______________ führte dazu, dass viele Menschen an der Berliner Mauer starben.

Die Mauer existierte __ Jahre lang. Sie wurde am __ _________ ____ unter dem Druck der Bevölkerung geöffnet.

Am __ ________ ___ erfolgte die Wiedervereinigung Deutschlands.

KOHL VERLAG Lernwerkstatt KALTER KRIEG
Zwei Machtblöcke stehen sich gegenüber – Bestell-Nr. 12 189

VI. Unruhen im Ostblock

Der Volksaufstand in der DDR im Juni 1953

Offensichtlich war es der politischen Führung zu keinem Zeitpunkt gelungen, die Bevölkerung der DDR mehrheitlich von den Vorzügen des neuen sozialistisch-kommunistischen Systems zu überzeugen. Viele Menschen verließen die SBZ und die DDR, um sich im Westen eine neue Heimat zu suchen. Die Führung der DDR antwortete darauf mit der Befestigung und der militärischen Sicherung der Westgrenze gegenüber der Bundesrepublik. Noch gab es freilich die Möglichkeit, die DDR über die noch offene Grenze innerhalb Berlins zu verlassen.

Im März 1953 starb der sowjetische Staats- und Parteiführer Stalin. Viele Menschen in Osten erhofften nun eine Verbesserung der Lebensverhältnisse in ihrem Land. Im Westen erwartete man friedlichere Zeiten. Allerdings bedeutete der Tod des Diktators noch nicht das Ende des menschenverachtenden Stalinismus. Ihr Hauptrepräsentant in der DDR war der Generalsekretär bzw. Erste Sekretär der SED Walter Ulbricht. Die sogenannte Entstalinisierung erfolgte erst, als Nikita S. Chruschtschow der Vorsitzende der KPdSU, auf dem XX. Parteitag in einer Geheimrede die Verbrechen seines Vorgängers anprangerte.

In der DDR wussten alle, dass ihnen die Bundesrepublik in wirtschaftlicher Hinsicht weit überlegen war. Um die Produktivität zu steigern, beschloss die SED-Führung eine Erhöhung der Arbeitsnormen – bei gleicher Bezahlung – um 10 Prozent. Diese Maßnahme führte in der Bevölkerung zu Ablehnung und Erbitterung. Hie und da protestierten Arbeiter gegen die als ungerecht empfundene Maßnahme. Der Protest der Bauarbeiter auf der Stalinallee in Berlin, dem Prestigeprojekt der DDR, wirkte wie eine Initialzündung. Rasch sprang der Funke über, sodass es im ganzen Land zu weiteren Protestdemonstrationen und Arbeitsniederlegungen kam. Zu den zunächst ausschließlich sozialpolitischen Forderungen traten nun allgemeinpolitische Forderungen hinzu. Die Streikenden forderten freie Wahlen, den Rücktritt der Regierung und grundlegende Änderungen des Systems.

Aus der Streikbewegung war eine Aufstandsbewegung entstanden. Am 17. Juni 1953 erreichte sie ihren Höhepunkt – und das, obwohl die Regierung, von den Protesten eingeschüchtert, die Normenerhöhung zurückgenommen hatte.

Der Aufstand war so gewaltig und allgemein, dass sich die SED-Führung unter sowjetischen Schutz flüchtete. Die Sowjets und die in der DDR stationierte sowjetische Armee verhinderte durch ihr brutales Eingreifen den Zusammenbruch der kommunistischen Herrschaft. Sie verhängten den Ausnahmezustand, übernahmen die Regierungsgewalt im Land und walzten mit Panzern die erbitterten Proteste nieder. Wie viele Menschen dabei starben, ließ sich nicht endgültig klären. Viele Teilnehmer der Aufstandsbewegung wurden in der Folgezeit zu hohen Strafen verurteilt.

Die Ereignisse gingen als Volksaufstand in die Geschichte ein. Zur Erinnerung daran wurde der 17. Juni im Westen zum Tag der deutschen Einheit proklamiert. Auf diese Weise sollte auch die Hoffnung auf die Wiedervereinigung Deutschland wachgehalten werden.

Mit Steinen gegen sowjetische Panzer, Juni 1953

Lernwerkstatt KALTER KRIEG
Zwei Machtblöcke stehen sich gegenüber – Bestell-Nr. 12 189
KOHL VERLAG

VI. Unruhen im Ostblock

Der Volksaufstand in der DDR im Juni 1953

EA

Aufgabe 1: *Welche Erwartungen löste der Tod des sowjetischen Diktators Stalin im März 1953 in der DDR bzw. der Bundesrepublik aus?*

EA

Aufgabe 2: *Weshalb kam es im Juni 1953 zu heftigen Streiks in der DDR?*

EA

Aufgabe 3: *Die Streikbewegung entwickelte sich zum Volksaufstand. Nenne die Gründe.*

EA

Aufgabe 4: *Warum überstand die DDR-Führung diese existenzbedrohende politische Krise?*

EA

Aufgabe 5: *Von 1954 bis 1990 war der 17. Juni in der Bundesrepublik gesetzlicher Feiertag. Woran sollte dieser „Tag der deutschen Einheit“ erinnern?*

Verhängung des Ausnahmezustandes durch den sowjetischen Stadtkommandanten von Eisenach, 17. Juni 1953

Kleines DDR-Quiz

1. Welche Flüsse begrenzen die DDR nach Osten bzw. nach Westen?
2. Wie hieß die Hauptstadt der DDR?
3. Wer war der langjährige Generalsekretär der SED nach der Gründung der DDR?
4. Vier der genannten Städte lagen auf dem Gebiet der DDR? Welche sind das?

   Weimar, Königsberg, Goslar, Dresden,
   Frankfurt an der Oder, Wittenberg, Hof, Posen

5. Was bedeuten die folgenden Abkürzungen? (alle Hilfsmittel erlaubt)

   LPG, MfS, NVA, RGW, DEFA, FDGB, SMAD, VEB, VP, ZK

6. Welche Begriffe gehören inhaltlich zusammen?

   Leipzig Potsdam Harz NVA Dresden Rostock Stasi
   SED Brocken Sanssouci Geheimdienst Warschauer Pakt
   KPD Frauenkirche Messe Warnemünde

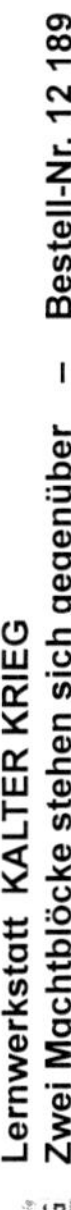

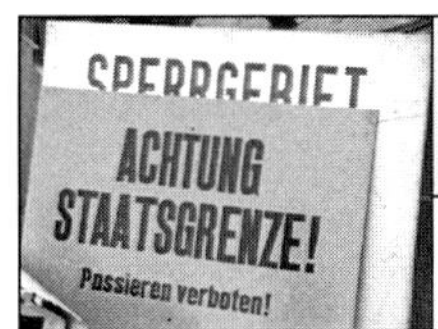

VI. Unruhen im Ostblock

Aufstände in Ungarn (1956) und der Tschechoslowakei (1968)

Im Juni 1953 war der Volksaufstand in der DDR von sowjetischen Truppen blutig niedergeschlagen worden. Das SED-Regime hatte mit fremder, sowjetischer Hilfe überlebt.

Wenige Jahre später kam es zu einem neuen Aufstand gegen die kommunistische Herrschaft. Der Volksaufstand in Ungarn im Oktober 1956 entwickelte sich aus einem friedlichen Studentenprotest für demokratische Rechte. Als die kommunistische Regierung in Budapest auf die immer zahlreicher werdenden Demonstranten schießen ließ, kam es zu bürgerkriegsähnlichen Zuständen. Die bürgerlich-demokratische Opposition erklärte die kommunistische Regierung für abgesetzt und bildete eine neue Regierung aus mehreren Parteien unter Ministerpräsident Imre Nagy. Ungarn trat aus dem Warschauer Pakt aus und forderte die sowjetischen Streitkräfte zum Verlassen des Landes auf.

Die sowjetische Armee schlug die Aufstandsbewegung mit durch eine Invasion verstärkten Kräften blutig nieder und etablierte eine neue prosowjetische Regierung unter dem kommunistischen Ministerpräsidenten János Kádár. Hunderte Aufständische wurden hingerichtet, unter ihnen auch Ministerpräsident Imre Nagy, viele Tausend wanderten ins Gefängnis. Die Niederschlagung des Aufstands führte dazu, dass Hunderttausende ihr Heimatland verließen und im Westen Schutz suchten. – Für die Kommunisten in Ungarn war der Aufstand – ähnlich wie 1953 in der DDR – ein Akt der „Konterrevolution“.

Wie sehr sich die Machtblöcke inzwischen verfestigt hatten, zeigte die Reaktion des Westens. Einerseits unterstützte er moralisch und propagandistisch das Vorgehen der Aufständischen. Andererseits aber vermied er es, sich direkt in den Konflikt einzuschalten. Er respektierte die Eigenverantwortlichkeit der Sowjetunion für ihren Machtbereich und vermied geflissentlich alles, was einen neuen Krieg auslösen könnte.

Auch der Versuch in der Tschechoslowakei, ein menschenwürdigeres, demokratischeres System durchzusetzen, scheiterte. Im sogenannten Prager Frühling des Jahres 1968 versuchten reformwillige Kräfte einen „Sozialismus mit menschlicherem Antlitz“ durchzusetzen. Bemerkenswert ist hier, dass diese Bestrebungen von der Kommunistischen Partei unter der Führung von Alexander Dubček ausgingen. – Im Grund nahm er voraus, was zwei Jahrzehnte später der sowjetische Parteivorsitzende Michail Gorbatschow versuchte.

Die Sowjetunion hielt sich fürs Erste zurück. Als sich die Lage aber zuspitzte, entschloss sie sich zum Eingreifen, um das kommunistische System in Prag zu retten. Am 21. August 1968 marschierten die Truppen des Warschauer Pakts in die Tschechoslowakei ein und schlugen die Aufstandsbewegung brutal nieder. – Die DDR, auch Mitglied des Warschauer Pakts, nahm an der Invasion nicht teil. Sie verharrte an der Grenze in Bereitschaft. Vermutlich geschah das deshalb, weil sich viele Tschechen noch an den deutschen Einmarsch im Jahr 1939 erinnerten.

Dubček und seine Anhänger wurden schrittweise entmachtet. Viele Aufständische erhielten harte Strafen. Tausende retteten sich in den Westen. – Immerhin, Dubček überlebte. Nach seiner Absetzung arbeitete er in der Forstverwaltung in Bratislava.

Alexander Dubček (1921 - 1992)

KOHL VERLAG Lernwerkstatt KALTER KRIEG Zwei Machtblöcke stehen sich gegenüber – Bestell-Nr. 12 189

VI. Unruhen im Ostblock

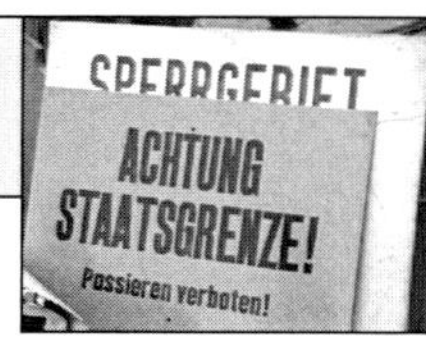

Aufstände in Ungarn (1956) und der Tschechoslowakei (1968)

Breschnew-Doktrin

Der Begriff **Souveränität** ist ein zentraler Begriff des Staatsrechts. Er beinhaltet, dass die einzelnen Staaten souverän über ihre eigenen Angelegenheiten bestimmen können. (Selbstbestimmung). Dennoch sind die Fälle von in der Regel aufgezwungener Fremdbestimmung in der Geschichte zahlreich.

Der Generalsekretär der KPdSU Leonid Breschnew unternahm den Versuch, das sowjetische Eingreifen in der Tschechoslowakei zu rechtfertigen. Er wird als Breschnew-Doktrin bezeichnet:

„Die KPdSU ist stets dafür eingetreten, dass jedes sozialistische Land die konkreten Formen seiner Entwicklung auf dem Wege des Sozialismus unter Berücksichtigung der Spezifik seiner nationalen Bedingungen bestimmt. Bekanntlich bestehen aber auch allgemeine Gesetzmäßigkeiten des sozialistischen Aufbaus. Eine Abkehr von ihnen könnte zu einer Abkehr vom Sozialismus führen. Und wenn die inneren und äußeren, dem Sozialismus feindliche Kräfte die Entwicklung irgendeines sozialistischen Landes auf die Restauration der kapitalistischen Ordnung zu wenden versuchen, wenn eine Gefahr für den Sozialismus in diesem Land, eine Gefahr für die Sicherheit der gesamten sozialistischen Staatengemeinschaft entsteht, ist das nicht nur ein Problem des betreffenden Landes."

(Prawda, 13. November 1968)

Straßenkämpfe in Prag, 1968

EA

Aufgabe 6: *Wodurch wurde der ungarische Volksaufstand von 1956 ausgelöst?*

EA

Aufgabe 7: *Welche Forderungen vertraten die Demonstranten und Aufständischen?*

EA

Aufgabe 8: *Was beinhaltet der Begriff „Konterrevolution"?*

EA

Aufgabe 9: *Warum wurde die Reformbewegung in der Tschechoslowakei als „Prager Frühling" bezeichnet?*

EA

Aufgabe 10: *Dubček war Kommunist. Warum ist das hier besonders bemerkenswert?*

EA

Aufgabe 11: *Formuliere kurz und treffend die Kernaussage der „Breschnew-Doktrin".*

Lernwerkstatt KALTER KRIEG
Zwei Machtblöcke stehen sich gegenüber – Bestell-Nr. 12 189
KOHL VERLAG

VI. Unruhen im Ostblock

Das Kriegsrecht in Polen

Die angespannte wirtschaftliche Lage in Polen führte im Jahr 1980 zu einer anhaltenden Streikwelle. Daraus ging die von Staat und Partei unabhängige Gewerkschaft Solidarność (Solidarität) hervor. Sie bündelte die verschiedenen Oppositionsgruppen und war die erste Einrichtung dieser Art im Ostblock. Ihr Führer war Lech Wałęsa, Elektriker auf der Lenin-Werft in Danzig.

Die Führung des Landes, vor allem aber auch der Sowjetunion sahen in der Gewerkschaft eine ernstzunehmende Bedrohung des kommunistischen Systems. Moskau forderte, dass die Ordnung im Land wiederhergestellt wurde, und drohte mit einer militärischen Invasion. Diese wurde dadurch verhindert, dass die polnische Volksarmee unter der Führung von Wojciech Jaruzelski in der Nacht vom 12. auf den 13. Dezember 1981 die Macht übernahm und das Kriegsrecht verkündete. Mehrere tausend Oppositionelle wurden verhaftet. – Die wirtschaftlichen Verhältnisse besserten sich aber nicht. Im Rahmen ihrer eingeschränkten Möglichkeiten agierten die Oppositionsgruppen weiter.

Am 22. Juli 1983 wurde das Kriegsrecht von der Regierung offiziell aufgehoben. Obwohl behutsame Reformen eingeleitet worden waren, besserten sich die Lebensverhältnisse im Land nicht. Auch blieb die politische Unterdrückung bestehen. Hoffnung auf eine Liberalisierung gab es erst, als Ende der achtziger Jahre Michail Gorbatschow in Moskau seine Politik der Umgestaltung (Perestroika) einleitete.

Streik auf der Lenin-Werft in Danzig, 1980

EA

Aufgabe 12: *Vergleiche mit den Unruhen in der DDR, in Ungarn und in der Tschechoslowakei drängen sich auf. Wo gibt es Gemeinsamkeiten?*

EA

Aufgabe 13: *Wie versuchte die Sowjetunion unter dem KPdSU-Generalsekretär Leonid Breschnew, die Unruhen in Polen zu unterdrücken?*

EA

Aufgabe 14: *Welche Möglichkeiten bot das Kriegsrecht?*

VII. Die Stellvertreterkriege

Die Kubakrise

Der **Koreakrieg** von 1950 bis 1953 war der erste *„Stellvertreterkrieg“* gewesen. Hier hatten die USA und die UdSSR – wenn auch nicht direkt – gegenübergestanden. Im Jahr 1959 kam es erneut zu einer bedrohlichen Zuspitzung des Ost-West-Konflikts. Einen Augenblick lang schien ein Krieg, möglicherweise sogar ein Atomkrieg zwischen den USA und der UdSSR in greifbare Nähe gerückt zu sein.

Der Revolutionär Fidel Castro hatte mit seinen Gefolgsleuten den Diktator Batista gestürzt und auf der Insel Kuba in der Karibik ein sozialistisch-kommunistisches Regime errichtet. In den Vereinigten Staaten wurde der Umsturz deshalb als besonders bedrohlich empfunden, weil die Insel nur 180 Kilometer vom amerikanischen Festland entfernt lag.

Die Krise erreichte ihren Höhepunkt, als Kuba und die Sowjetunion im Oktober 1962 darangingen, sowjetische Mittelstreckenraketen für Atomsprengköpfe auf der Insel zu installieren. – Die UdSSR antwortete damit auf die Stationierung amerikanischer Raketen in der Türkei. – US-Präsident John F. Kennedy reagierte augenblicklich und drohte, militärisch einzugreifen, wenn die Sowjetunion die Raketen, die bereits auf dem Weg nach Kuba waren, nicht zurückbeorderte.

Die Welt hielt den Atem an. Was war, wenn die Sowjetunion nicht nachgab? Doch dann zeigte das amerikanische Ultimatum Wirkung: Der sowjetische Staats- und Parteichef Nikita S. Chruschtschow ließ die Raketen zurücktransportieren. Im Gegenzug verzichteten die USA auf die Stationierung ihrer Raketen in der Türkei. Der Frieden war, fürs Erste jedenfalls, gesichert!

Abtransport von Raketen, November 1962

EA

Aufgabe 1: *Warum wurden die kubanische Revolution Fidel Castros und dann der Versuch, auf Kuba sowjetische Atomraketen zu installieren, von den USA als besonders bedrohlich empfunden?*

EA

Aufgabe 2: *Nenne denkbare Gründe für das Einlenken der Sowjetunion unter Nikita S. Chruschtschow.*

Lernwerkstatt KALTER KRIEG
Zwei Machtblöcke stehen sich gegenüber – Bestell-Nr. 12 189

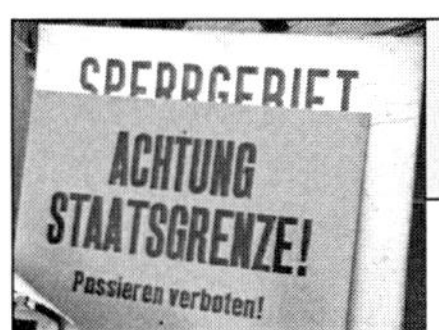

VII. Die Stellvertreterkriege

Der Vietnamkrieg

Der große Krieg, vor dem sich viele Menschen fürchteten, fand nicht statt, vielleicht auch deshalb nicht, weil er möglicherweise den Untergang der Menschheit bedeutet hätte. Der Rüstungswahnsinn und die nukleare Aufrüstung erzeugten eine gefährliche Dauerkrise. Dennoch, militärische Konflikte zwischen den ideologisch so unterschiedlichen und verfeindeten Blöcken blieben nicht aus. Immerhin gelang es, das Risiko zu begrenzen und zu lokalisieren. Das galt z. B. für den Koreakrieg von 1950. bis 1953. Der (zweite) Vietnamkrieg hinterließ im Bewusstsein ganz besonders tiefe, bleibende Spuren, die bis heute nachwirken.

Nach dem Ende der japanischen Herrschaft in Südostasien hatte Frankreich versucht, seine Kolonialherrschaft in Vietnam zu erneuern. Bald musste es aber einsehen, dass die Zeit des Kolonialismus vorüber war und dass die einst von den Europäern beherrschten und ausgebeuteten fernen Weltteile nach politischer Selbstständigkeit strebten. Im Mai 1954 wurde Vietnam geteilt. Der Norden wurde kommunistisch, im Süden etablierte sich ein vom Westen unterstütztes autoritäres System.

Die USA wurden auf das fernöstliche Gebiet aufmerksam, weil hier der kommunistische Einfluss bedrohlich anwuchs. Besonders gefährlich wurde die Lage, als die Kommunisten auch in Südvietnam einen Umsturz anstrebten. Die Vereinigten Staaten von Amerika hatten sich bereits in der frühen Nachkriegszeit für die Eindämmungspolitik (*Containment Policy*) entschieden und waren entschlossen, die Kommunisten nach Möglichkeit zurückzudrängen (Politik des *Roll-back*).

Sie mischten sich unter Präsident Lyndon B. Johnson in die inneren Auseinandersetzungen des Landes ein und ließen seit 1965 Nordvietnam durch die amerikanische Luftwaffe bombardieren. Mehr und mehr Bodentruppen wurden nach Vietnam entsandt, um den kommunistischen Vietcong niederzuringen. Der Krieg breitete sich auch nach Laos und Kambodscha aus.

Die südvietnamesischen Revolutionäre wurden vom kommunistischen Nordvietnam mit ihrem Staatschef Ho Chi-minh unterstützt. Deren Waffen stammten größtenteils aus der Sowjetunion. Im Grund waren die hochtechnisierten Amerikaner der **Guerillataktik** der Vietnamesen nicht gewachsen. Bekanntlich versuchten sie den Krieg dadurch zu entscheiden, dass sie das Land mit dem hochgiftigen Dioxin *Agent Orange* übersprühten und auf diese Weise entlaubten. Das Leid der Bevölkerung war ungeheuer. Bis heute gibt es infolge der Vergiftung viele Missbildungen bei Neugeborenen und unverhältnismäßig häufige Krebserkrankungen.

Amerika wollte sich nicht eingestehen, dass dieser Krieg nicht zu gewinnen war. Hier entstand nun eine breite, immer aggressiver werdende Protestbewegung gegen das US-Engagement in Asien. Auch in Europa fasste sie Fuß und führte zu einer bedrohlichen Sympathisierung innerhalb der radikalen Linken

Die Friedensgespräche dauerten jahrelang. Im Jahr 1973 verließen die Amerikaner Vietnam. Trotz der amerikanischen Waffenhilfe konnte sich Südvietnam nicht gegen den übermächtigen Feind behaupten. Im Mai 1975 besetzten die Nordvietnamesen die südvietnamesische Hauptstadt Saigon (heute: Ho-Chi-Minh-Stadt). Sie hatten gesiegt.

Der Krieg war zu Ende. Er hatte bis zu vier Millionen Tote gefordert und schreckliche Verwüstungen angerichtet. Nun wurde das Land wiedervereinigt, allerdings – anders als in Washington erhofft – unter kommunistischer Führung.

Lernwerkstatt KALTER KRIEG
Zwei Machtblöcke stehen sich gegenüber – Bestell-Nr. 12 189

VII. Die Stellvertreterkriege

Der Vietnamkrieg

EA

Aufgabe 3: *In Vietnam entwickelte sich aus einem Krieg gegen die Kolonialmacht Frankreich ein weltweit beachteter Stellvertreterkrieg. Welche Mächte kämpften mehr oder weniger offen miteinander?*

EA

Aufgabe 4: *Nenne auffällige Unterschiede in der Kriegführung der nord- und südvietnamesischen Kommunisten und der USA.*

EA

Aufgabe 5: *In der westlichen Welt kam es zu großen, oft gewalttätigen Protesten gegen den Vietnamkrieg und insbesondere gegen die Beteiligung der USA an diesem Krieg. Was bewog die Kriegsgegner, auf die Straße zu gehen?*

Gefallene nordvietnamesische Soldaten

EA

Aufgabe 6: *Wie endete der Krieg in Vietnam?*

____

____

____

____

____

____

____

____

____

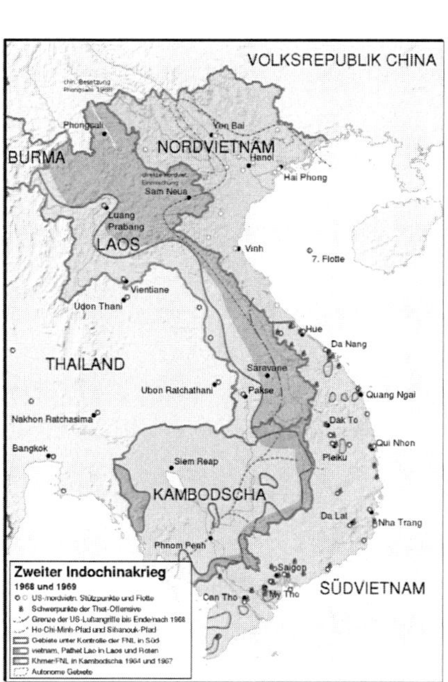

Vietnam
(Laos, Kambodscha) 1973-75

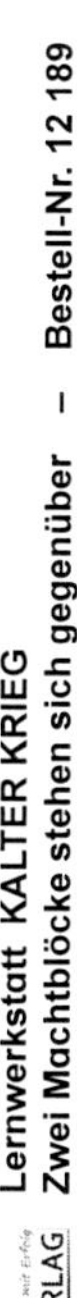

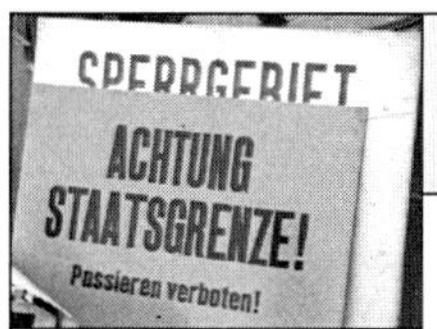

VII. Die Stellvertreterkriege

Afghanistan

Das 19. Jahrhundert, vor allem die zweite Hälfte, war gekennzeichnet durch imperialistische Expansionsbestrebungen. Nun sollte die Erde endgültig aufgeteilt werden. Ein hektischer Wettlauf begann. Großbritannien hatte sich das volkreiche Indien gesichert. Persien (Iran) und das abgelegene Afghanistan zählten zu seinen Interessengebieten. Gleichzeitig erstrebte das Zarenreich Russland weitere Gebietserwerbungen im Süden. Es drohten ernsthafte militärische Auseinandersetzungen.

Der Grundkonflikt wurde nicht bereinigt und führte im 20. Jahrhundert zu neuen Konflikten. Durch einen Staatsstreich kamen im Jahr 1978 die Kommunisten an die Macht. Im Jahr 1979 griff die sowjetische Armee in die inneren Auseinandersetzungen des Landes ein, um es von sich abhängig zu machen. Es begann ein zehn Jahre lang dauernder blutiger Krieg gegen islamische Widerstandsgruppen, der letzten Endes keine Entscheidung brachte. Im Jahr 1989 zogen sich die Sowjets resigniert aus Afghanistan zurück.

Nun wütete ein innerafghanischer Bürgerkrieg. Die radikal-islamische Taliban-Bewegung eroberte weite Teile Afghanistans und errichtete hier ein terroristisches Herrschaftssystem.

Am 11. September 2001 ereigneten sich die schrecklichen Anschläge auf das World Trade Center in New York und auf das Pentagon in Washington. Der islamistische Überfall veranlasste die USA, in Afghanistan zu intervenieren und den Kampf gegen die Taliban aufzunehmen.

Zwar gelang es, die Taliban-Regierung zu stürzen und eine demokratisch legitimierte Regierung einzusetzen. Ein dauerhafter Frieden kehrte indessen nicht ein, obwohl starke militärische Verbände der USA, der NATO, darunter auch der deutschen Bundeswehr, im Land stationiert blieben. Noch ist nicht zu erkennen, ob es gelingen wird, eine stabile Staatsordnung und einen dauerhaften Frieden zu erreichen.

Deutsche Panzer in Kunduz/Afghanistan

EA

Aufgabe 7: *Informiere dich – evtl. zusammen mit deinen Klassen- oder Kurskameraden – über die aktuelle Lage in Afghanistan (Zeitung, Fernsehen, Internet, evtl. weitere Hilfsmittel).*

GA

Aufgabe 8: *Das islamistische Attentat vom 11. September 2001, das nach dem Ende des Kalten Krieges erfolgte, hatte weitreichende sicherheitspolitische Folgen. Diskutiere darüber mit deinen Klassenkameraden.*

„Ich weiß nicht, ob dieser Krieg militärisch zu gewinnen ist. Der Preis, den dafür vor allem Kanadier, Briten und Amerikaner zahlen, ist jedenfalls sehr hoch.“

(aus dem Brief eines deutschen Soldaten in Afghanistan)

VIII. Das Ende des Kalten Krieges

Die Entspannungspolitik

Das Verhältnis zwischen den beiden Weltmächten USA und UdSSR sowie ihrer Verbündeten war jahrzehntelang durch Misstrauen und Feindseligkeit gekennzeichnet. Die ideologischen und machtpolitischen Gegensätze waren so groß, dass ein neuer, schrecklicherer Krieg nicht ausgeschlossen schien. – Allerdings hatte das beiderseitige militärische Wettrüsten schwerwiegende Folgen für die jeweiligen Volkswirtschaften. Das galt insbesondere für die Sowjetunion. Der dadurch verursachte Mangel an Konsumgütern und anderen Bedarfsgegenständen des alltäglichen Lebens führte zu tiefer Unzufriedenheit.

Die Bundesrepublik Deutschland war seit 1949 und dann vor allem durch die Wiederbewaffnung und den Beitritt zur NATO im Jahr 1955 fest mit den USA verbunden. Das prägte auch das Verhältnis zu dem zweiten deutschen Staat, der Deutschen Demokratischen Republik. Für die Außenpolitik galt die nach dem Außenminister benannte **Hallstein-Doktrin** (1955). Die DDR wurde seitens der Bundesrepublik als selbstständiger Staat nicht anerkannt. Zwar galt das im Grundgesetz verankerte Wiedervereinigungsgebot, allerdings deutete nichts darauf hin, dass es in absehbarer Zeit zu einer Wiedervereinigung kommen könnte. Viele Deutsche hofften auch, die unter polnischer und sowjetischer Verwaltung stehenden Ostgebiete eines Tages zurückgewinnen zu können. Schon damals war die Wahrscheinlichkeit verschwindend gering.

Zunächst ging es darum, die deutsche Teilung für die Menschen in West und Ost erträglicher zu machen. Schließlich waren dadurch viele Familien und Freundschaften auseinandergerissen worden. Das verstärkte sich noch dramatisch, als im August 1961 durch die DDR die Berliner Mauer errichtet wurde. Neue Impulse gab es, als im Jahr 1966 eine Große Koalition unter Bundeskanzler Kurt-Georg Kiesinger (CDU) und Außenminister Willy Brandt (SPD) entstand. Die **neue Ostpolitik** kam dann in der Nachfolgeregierung unter Bundeskanzler Brandt und Außenminister Walter Scheel (FDP) richtig in Gang. Von einer Wiedervereinigung war fürs Erste nicht die Rede. Vielmehr ging es darum, die Verhältnisse zwischen der Bundesrepublik und der Deutschen Demokratischen Republik zu „normalisieren", d. h. für die Menschen auf beiden Seiten erträglicher zu machen. Gleichzeitig sollten die Beziehungen zu einigen für Deutschland wichtigen Staaten des Ostblocks bereinigt werden.

Die sozial-liberale Politik führte in Westdeutschland zu erbitterten Auseinandersetzungen, vor allem zwischen der Regierungskoalition und der CDU bzw. CSU.

Aus den überaus zähen Verhandlungen ging eine ganze Reihe von **Ostverträgen** hervor:

- der Moskauer Vertrag (1970)
- der Warschauer Vertrag (1970)
- das Viermächteabkommen über Berlin (1971)
- das Transitabkommen (1971)
- der Grundlagenvertrag (*Vertrag über die Grundlagen der Beziehungen zwischen der Bundesrepublik Deutschland und der Deutschen Demokratischen Republik*) (1972)

Die Verträge bezeichneten eine radikale Wende. Die Vertragsparteien verpflichteten sich zum Gewaltverzicht und zur Anerkennung der bestehenden Grenzen. Für die Bundesrepublik bedeutete das die Anerkennung der Oder-Neiße-Grenze und damit den Verzicht auf die deutschen Ostgebiete. Im Grundlagenvertrag wurde die DDR nun als selbstständiger Staat anerkannt. Beide deutsche Staaten verpflichteten sich zu gutnachbarschaftlichen Beziehungen. – Der Vertrag ermöglichte es der Bundesrepublik und der DDR, im Jahr 1973 Mitglieder der Vereinigten Nationen zu werden.

VIII. Das Ende des Kalten Krieges

Die Entspannungspolitik

EA

Aufgabe 1: *Nenne mögliche Gründe für eine Entspannungspolitik zwischen Ost und West.*

EA

Aufgabe 2: *Warum wurde die DDR von der Bundesrepublik nicht als selbstständiger Staat anerkannt?*

EA

Aufgabe 3: *Wie hießen der Bundeskanzler (SPD) und der Außenminister (FDP) der Koalition von 1969?*

EA

Aufgabe 4: *Welchen politischen Prozess bezeichnete der Begriff „neue Ostpolitik"?*

EA

Aufgabe 5: *Warum führte diese Politik zu erbitterten innenpolitischen Auseinandersetzungen zwischen Befürwortern und Gegnern?*

Treffen von Bundeskanzler Willy Brandt und Ministerpräsident Willi Stoph in Erfurt, 19.3.1970

Grundlagenvertrag von 1972 – Auszug

Artikel 1:

„Die Bundesrepublik Deutschland und die Deutsche Demokratische Republik entwickeln normale gutnachbarliche Beziehungen zueinander auf der Grundlage der Gleichberechtigung."

Artikel 2:

„Die Bundesrepublik Deutschland und die Deutsche Demokratische Republik werden sich von den Zielen und Prinzipien leiten lassen, die in der Charta der Vereinten Nationen niedergelegt sind, insbesondere der souveränen Gleichheit aller Staaten, der Achtung der Unabhängigkeit, Selbstständigkeit und territorialen Integrität, dem Selbstbestimmungsrecht, der Wahrung der Menschenrechte und der Nichtdiskriminierung."

Artikel 3:

„Entsprechend der Charta der Vereinten Nationen werden die Bundesrepublik Deutschland und die Deutsche Demokratische Republik ihre Streitfragen ausschließlich mit friedlichen Mitteln lösen und sich der Drohung mit Gewalt oder der Anwendung von Gewalt enthalten. Sie bekräftigen die Unverletzlichkeit der zwischen ihnen bestehenden Grenze jetzt und in der Zukunft und verpflichten sich zur uneingeschränkten Achtung ihrer territorialen Integrität."

EA

Aufgabe 6: *Lest gemeinsam den Textauszug des Vertrages und kommentiert ihn.*

VIII. Das Ende des Kalten Krieges

Die Konferenz für Sicherheit und Zusammenarbeit in Europa (KSZE)

Etwa 45 Jahre lang dauerte der Kalte Krieg. In dieser Zeit gab es Phasen einer dramatischen Zuspitzung, aber auch gelegentliche Entspannungsversuche. Vielleicht wurde der große Krieg, der nie stattfand, dadurch vermieden, dass West und Ost über ein gewaltiges Arsenal an todbringenden, vor allem auch nuklearen Waffen verfügten. Das hatte zum „Gleichgewicht des Schreckens“ geführt.

Zu den Entspannungsbemühungen gehörten u. a. das Atomteststoppabkommen von 1963, das Tests von Atomwaffen in der Luft, im Weltraum und im Wasser verbot. Seit 1969 wurde über die SALT-Verträge (Strategic Arms Limitation Talks) verhandelt. Das Ergebnis war die Unterzeichnung des ABM-Vertrags (Anti-Ballistic Missiles) im Jahr 1972.

Ein besonders wichtiger Schritt auf dem Weg zu leidlich friedlichem Miteinander der Nationen war die Konferenz für Sicherheit und Zusammenarbeit in Europa (KSZE). Im Jahr 1975 wurde in Helsinki die Schlussakte unterzeichnet. Sie war kein Vertrag im völkerrechtlichen Sinne, sondern eine Absichtserklärung. Die Unterzeichnerstaaten verpflichteten sich, die Unverletzlichkeit der Grenzen zu garantieren, Streitfälle friedlich zu bereinigen, sich nicht in die inneren Angelegenheiten anderer Staaten einzumischen und die Menschenrechte und Grundfreiheiten zu wahren.

Die Bedeutung dieser Absichtserklärung darf nicht unterschätzt werden. Vor allem in den Ländern des Ostens beriefen sich viele Menschen auf die in Helsinki getroffenen Vereinbarungen und bedrängten ihre Regierungen, sie umzusetzen. Das galt z. B. für die Bürgerrechtsbewegungen in der DDR oder die freie polnische Gewerkschaft Solidarność, die aus einem Streik auf der Lenin-Werft in Danzig (Gdańsk) hervorgegangen war.

Die Entspannungsbemühungen konnten nicht verhindern, dass es noch einmal zu einer gefährlichen Zuspitzung des Ost-West-Konflikts kam. Der Westen reagierte hart und entschlossen auf das sowjetische Übergewicht an Mittelstreckenraketen und die Invasion der Sowjetarmee in Afghanistan, wodurch auch amerikanische Interessen (Erdölgebiete in Südwestasien) berührt wurden.

Der NATO-Doppelbeschluss von 1979 beinhaltete die Aufstellung von neuen, mit Atomsprengköpfen bestückten Raketen (u. a. Pershing II) in Westeuropa. Gleichzeitig – deshalb Doppelbeschluss – sollten die Großmächte über die Begrenzung der Anzahl ihrer atomaren Mittelstreckenraketen verhandeln.

In der Bundesrepublik führte der Aufstellungsbeschluss zu heftigen Auseinandersetzungen und Massendemonstrationen. Im November 1983 stimmte der Bundestag dennoch dem Beschluss zu. – Inzwischen war die Regierung Helmut Schmidt (SPD) durch ein konstruktives Misstrauensvotum gestürzt worden. Der neue Bundeskanzler wurde Helmut Kohl (CDU).

Treffen des Ersten Sekretärs der SED Erich Honecker und Bundeskanzler Helmut Schmidt, 1975

VIII. Das Ende des Kalten Krieges

Die Konferenz für Sicherheit und Zusammenarbeit in Europa (KSZE)

EA

Aufgabe 7: *Warum waren die Großmächte vor allem an einer Reduzierung der nuklearen Arsenale interessiert?*

EA

Aufgabe 8: *Nenne die wichtigsten Bestimmungen der KSZE-Schlussakte von Helsinki.*

EA

Aufgabe 9: *Welche psychologischen Wirkungen hatte die Schlussakte?*

EA

Aufgabe 10: *Warum führte der NATO-Doppelbeschluss – u. a. in der Bundesrepublik Deutschland – zu einer innenpolitischen Zerreißprobe?*

Friedensdemonstration gegen den NATO-Doppelbeschluss mit etwa 300.000 Teilnehmern, Oktober 1981

EA

Aufgabe 11: *Welche Halbsätze gehören inhaltlich zusammen? Kombiniere die Zahlen mit den passenden Buchstaben.*

1. Die neue Ostpolitik verfolgte das Ziel ...

2. Die Ostpolitik führte zu erbitterten Auseinandersetzungen ...

3. Das Transitabkommen von 1971 ermöglichte es ...

4. Der Grundlagenvertrag von 1972 bestätigte ...

5. Als der Grundlagenvertrag beschlossen worden war ...

6. Die KSZE-Schlussakte von Helsinki aus dem Jahr 1975 bestimmte ...

7. Der NATO-Doppelschluss von 1979 übte Druck auf die Sowjetunion aus ...

a) ...weil die Bundesrepublik angeblich auf ihr zustehende Rechte verzichtete.

b) ...dass die DDR ein selbstständiger und souveräner Staat war.

c) ...konnten die beiden deutschen Staaten Mitglieder der Vereinten Nationen werden.

d) ...indem er die Aufrüstung mit Mittelstreckenraketen und die Forderung nach Abrüstungsverhandlungen miteinander verknüpfte.

e) ...die deutsche Teilung für die Menschen in West und Ost erträglicher zu machen.

f) ...auf dem Landweg sicher und ungehindert von Westdeutschland aus nach Berlin zu kommen.

g) ...dass von den Unterzeichnerstaaten die Menschenrechte und die Grundfreiheiten zu wahren seien.

VIII. Das Ende des Kalten Krieges

Michail Gorbatschow und die Perestroika

Über die Jahre hatten die inneren Widersprüche in der Sowjetunion und im Ostblock stetig zugenommen. Der Versuch, den Westen wirtschaftlich zu überflügeln, wie es Chruschtschow angekündigt hatte, war gescheitert. Das Land wurde von einer Gruppe älterer Männer, die sich im Parteiapparat der KPdSU hochgedient hatten, diktatorisch beherrscht. Man sprach von einer Gerontokratie (grch. Herrschaft der Alten), die keine Neigung zeigte, systemverändernde Reformen durchzusetzen.

Im Jahr 1985 wurde Michail S. Gorbatschow Generalsekretär der KPdSU. Er war 54 Jahre alt und damit der zweitjüngste Vorsitzende in der Geschichte der Partei.

Michail Sergejewitsch Gorbatschow (*1931)

Er hatte die Ausweglosigkeit der bisherigen Situation erkannt und unternahm für sowjetische Verhältnisse überaus riskante Versuche, Staat und Wirtschaft zu erneuern. Seine Hauptforderungen hießen Perestroika und Glasnost. Mit **Perestroika** (russ. Umbau) war die fundamentale Umgestaltung von Staat und Wirtschaft gemeint; **Glasnost** (russ. Offenheit) bezeichnete die Transparenz politischer Entscheidungen.

Gorbatschow stellte den Kommunismus in der Sowjetunion im Grundsatz nicht in Frage. Sein Ziel war aber, in der Sowjetunion und darüber hinaus freiheitlichere und menschlichere Lebensverhältnisse durchzusetzen.

EA

Aufgabe 12: *Nenne Gründe für die politische und wirtschaftliche Rückständigkeit der UdSSR*

EA

Aufgabe 13: *Warum war der Versuch, das politische und wirtschaftliche System der Sowjetunion radikal zu erneuern, sehr riskant?*

EA

Aufgabe 14: *Was bedeuten die für Gorbatschow zentralen Begriffe „Perestroika“ und „Glasnost“?*

> *„Wir alle sind Passagiere an Bord des Schiffes Erde, und wir dürfen nicht zulassen, dass es zerstört wird. Eine zweite Arche Noah wird es nicht geben. Ich glaube, Gefahren warten nur auf jene, die nicht auf das Leben reagieren.“*
>
> ***Michail S. Gorbatschow***

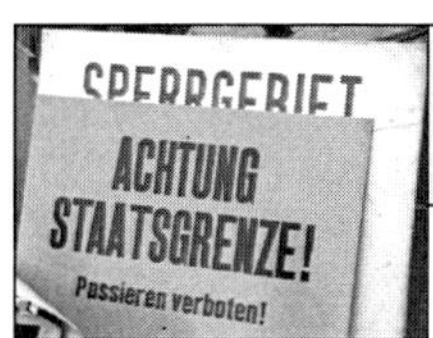

VIII. Das Ende des Kalten Krieges

Die Wiedervereinigung Deutschlands I

Die DDR hatte im Oktober 1989 ihr 40-jähriges Bestehen gefeiert. Die Festlichkeiten sollten darüber hinwegtäuschen, dass sie mit großen inneren Problemen zu kämpfen hatte. Die Führung lehnte den Liberalisierungskurs Gorbatschows ab, weil sie eine weitere Destabilisierung des Systems befürchtete. Allerdings dachte zu diesem Zeitpunkt kaum jemand daran, dass die Tage der DDR gezählt waren. Die westdeutsche Ostpolitik seit 1970 und die wirtschaftliche Hilfe aus dem Westen trugen – zumindest fürs Erste – zur Stabilisierung bei. Längst, seit dem Mauerbau von 1961, war die bedrohliche Massenflucht von DDR-Bürgern versiegt.

Aber auch in der DDR waren die von der KSZE-Schlussakte von 1975 und dem KPdSU-Generalsekretär ausgehenden Liberalisierungssignale nicht ungehört geblieben. Im Jubiläumsjahr gab es zunehmend Proteste gegen die Beschränkung der persönlichen Freiheiten und das verhärtete diktatorische System. Die Protestierenden prangerten u. a. die Fälschung der Kommunalwahlergebnisse an. Besonderes Gewicht erlangte die von der evangelischen Kirche ausgehende Protestbewegung. In Leipzig und anderen Städten organisierten die Gläubigen die sogenannten Montagsdemonstrationen und forderten unter der Parole „Wir sind das Volk!“ demokratische Rechte.

Die Grenze gegenüber der Bundesrepublik und die Berliner Mauer hatten das jahrelange „Ausbluten“ der DDR beendet. Nun versuchten viele DDR-Bürger, die ihre Heimat verlassen wollten, über sozialistische „Brüderländer“ in den Westen zu gelangen. Als erstes Land öffnete Ungarn seine Grenzübergänge und ermöglichte vielen die Flucht nach Österreich. Massenhaft hatten DDR-Bürger in der deutschen Botschaft in Prag Zuflucht gesucht und forderten von hier aus die Ausreise in die Bundesrepublik. Unter dem Druck der Verhältnisse gab die DDR-Führung nach und ließ die Flüchtlinge mit einem Sonderzug durch die DDR nach Westdeutschland fahren.

Der Zerfallsprozess hatte längst begonnen und machte nun auch vor den politischen Führern nicht mehr halt. Im Oktober wurde der Staatsratsvorsitzende und Parteivorsitzende der SED Erich Honecker von den eigenen Genossen zum Rücktritt gezwungen. Die Maßnahme kam zu spät. Anfang November fand auf dem Alexanderplatz in Berlin die bis dahin größte Massendemonstration mit etwa einer Million Teilnehmern statt. Kurz darauf traten die DDR-Regierung und das Politbüro der SED zurück.

Am Abend des 9. November 1989 gab der SED-Sprecher Günter Schabowski in einer Pressekonferenz bekannt, dass die DDR-Bürger ab sofort, ohne einen besonderen Anlass angeben zu müssen, ins Ausland, d. h. auch in die Bundesrepublik, reisen dürften. – Die frühe Bekanntgabe beruhte auf einem Missverständnis. Die Fernsehberichte führten zu einem massenhaften Andrang an den Grenzübergangsstellen. Da die Grenzpolizisten dem Ansturm von Zehntausenden von Menschen nicht gewachsen waren, öffneten sie die Schlagbäume. Noch in der Nacht strömten Tausende von DDR-Bürgern in den Westen. Endlose Schlangen von Trabant-Autos (Trabis) verstopften die Straßen. – Die Grenzöffnung in der Nacht des 9. November 1989 bedeutete das Ende der Mauer und beschleunigte den bereits begonnenen Zusammenbruch der DDR.

Empfang von DDR-Bürgern an der Bornholmer Straße in Berlin, 10. November 1989

Lernwerkstatt KALTER KRIEG
Zwei Machtblöcke stehen sich gegenüber – Bestell-Nr. 12 189

Die Wiedervereinigung Deutschlands II

Am 9. November 1989 war etwas geschehen, das niemand für möglich gehalten hatte: Die DDR-Führung hatte sich dem Druck der Massen gebeugt und die Grenze nach Westen geöffnet. Bemerkenswert ist, dass sie nicht versuchte, die Entwicklung mit Waffengewalt aufzuhalten. Ein schreckliches Blutbad wäre die Folge gewesen. Die Verantwortlichen wussten aber, dass sie auf die Hilfe der Sowjetunion – anders als 1953 in der DDR oder 1956 in Ungarn und 1968 in der Tschechoslowakei – nicht hoffen konnten. Die Revolution hatte einen wichtigen Etappensieg errungen. Die Bevölkerung reagierte darauf mit großer Euphorie. Nun war die Frage, wie es weitergehen sollte.

Grundsätzlich waren zwei Möglichkeiten denkbar: Vielleicht gelang es, durch einschneidende Reformen das Überleben der DDR zu sichern. Das ging nur, wenn die SED auf ihren, auch verfassungsmäßig gesicherten Führungsanspruch verzichtete. Mehr und mehr kam aber auch die andere, radikalere Lösung in den Blick, nämlich die Wiedervereinigung der DDR mit der Bunderepublik Deutschland.

Die nun folgenden Schritte deuteten in diese Richtung: Am 18. März 1990 wurde nach einem demokratischen Wahlverfahren eine **neue Volkskammer** gewählt: Den größten Stimmenanteil erzielte die Allianz für Deutschland, ein Wahlbündnis der politischen Mitte, der auch die Ost-CDU angehörte. Sie unterstützte die Ansicht von Bundeskanzler Helmut Kohl, die Gunst der Stunde zu nutzen und beiden Teile Deutschlands möglichst rasch zu vereinigen. Damit würden – auch mit dem Blick auf die ausländischen Nachbarn – nicht mehr umkehrbare Verhältnisse geschaffen.

Deutlich in diese Richtung wies die Vereinbarung zur Schaffung einer **Währungsunion**. Am 1. Juli 1990 wurde die Mark der DDR-Währung im Verhältnis 1 : 1 durch die DM ersetzt. Der für DDR-Bürger sehr günstige Wechselkurs sollte vorhandenen Vorbehalte mindern. Die damit verbundene Einführung der Marktwirtschaft nach westlichem Muster beendete die sozialistische Planwirtschaft in Ostdeutschland.

Eine Vereinigung von Bundesrepublik und DDR war aufgrund der bestehenden Rechtsverhältnisse nur mit der Zustimmung der Siegermächte von 1945 möglich. Michail Gorbatschow plädierte dafür, den Deutschen die deutschen Angelegenheiten selbst zu überlassen. Bei den Westalliierten wurden die noch vorhandene Widerstände gegen die durch die Wiedervereinigung vergrößerte politische Macht Deutschlands überwunden.

Am 31. August wurde der **Einigungsvertrag** unterschrieben und am 20. September von Bundestag und der DDR-Volkskammer beschlossen.

Das Verhältnis zu den Siegermächten wurde im **Zwei-plus-Vier-Vertrag** (Bundesrepublik, DDR, USA, UdSSR, Großbritannien, Frankreich) im September 1990 bereinigt. Er war die unerlässliche Voraussetzung für die deutsche Einheit. Er beendete, politisch-rechtlich betrachtet, die Nachkriegszeit und besitzt die Qualität eines Friedensvertrags. Die bestehenden Grenzen wurden endgültig anerkannt.

Der Beitritt der wieder neu entstandenen ostdeutschen Länder Brandenburg, Mecklenburg-Vorpommern, Sachsen, Sachsen-Anhalt und Thüringen fand am 3. Oktober 1990 statt. Das seit 1945 bzw. seit 1949 geteilte Deutschland war wiedervereinigt! – Heute ist der 3. Oktober, der Tag der deutschen Einheit, nationaler Feiertag.

„Einigkeit und Recht und Freiheit / Für das deutsche Vaterland! / Danach lasst uns alle streben / Brüderlich mit Herz und Hand!“

VIII. Das Ende des Kalten Krieges

Die Wiedervereinigung Deutschlands I + II

Feier zur Wiedervereinigung vor dem Reichstag in Berlin, 3. Oktober 1990

EA

Aufgabe 15: *Woran war bereits im Herbst 1989 zu erkennen, dass der Zerfall der DDR begonnen hatte?*

EA

Aufgabe 16: *Nenne mögliche Gründe dafür, dass die Bürgerproteste in Leipzig, Berlin und anderswo nicht mit Waffengewalt niedergeschlagen wurden (Volkspolizei, Nationale Volksarmee, Staatssicherheitsdienst, sowjetische Streitkräfte).*

EA

Aufgabe 17: *Die ersten freien Wahlen in der DDR im März 1990 bedeuteten eine wichtige Richtungsentscheidung. Warum?*

EA

Aufgabe 18: *Die Währungsunion vom 1. Juli 1990 war auch eine Entscheidung über das künftige Wirtschaftssystem. Begründe.*

EA

Aufgabe 19: *Warum war der Zwei-plus-Vier-Vertrag die unabdingbare Voraussetzung für die deutsche Wiedervereinigung?*

EA

Aufgabe 20: *Der Beitritt der DDR zur Bundesrepublik Deutschland am 3. Oktober 1990 wurden von den meisten Deutschen begrüßt. Aber es entstanden auch schwerwiegende neue Probleme, die den Enthusiasmus dämpften. Sind dir bzw. euch solche Probleme bekannt?*

„Durch eine gemeinsame Anstrengung wird es uns gelingen, Mecklenburg-Vorpommern und Sachsen-Anhalt, Brandenburg, Sachsen und Thüringen schon bald wieder in blühende Landschaften zu verwandeln, in denen es sich zu leben und zu arbeiten lohnt.“ (Helmut Kohl)

„Wenn der Zug der deutschen Einheit rollt, dann kommt es darauf an, dass wenn's irgend geht, dabei niemand unter die Räder kommt.“ (Willy Brandt)

VIII. Das Ende des Kalten Krieges

Der Zerfall der Sowjetunion

Im Jahr 1917 hatte die bolschewistische Revolution gesiegt. Unter der Führung von Wladimir Iljitsch Uljanow genannt Lenin wurde Russland kommunistisch. Im Jahr 1922 schlossen sich mehrere Staaten zur *Union der Sozialistischen Sowjetrepubliken (UdSSR)* zusammen. Der Kern dieser Union blieb Russland, die Russische Sozialistische Föderative Sowjetrepublik, mit ihrer Hauptstadt Moskau.

Über die Jahre entwickelte sich die UdSSR zu einem der mächtigsten Staatswesen der Erde. Unter Josef Wissarionowitsch Dschughaschwili genannt **Stalin** wurde es zur Großmacht, die erheblichen Einfluss auf das Weltgeschehen ausübte. Dazu trug u. a. der Sieg über Nazi-Deutschland – zusammen mit den Alliierten – im Zweiten Weltkrieg bei.

Allerdings hatte die Union mit gewaltigen politischen und wirtschaftlichen Problemen zu kämpfen. Die Führungskader in Partei (KPdSU) und Staat waren nicht in der Lage und wohl auch nicht willens, eingreifende Systemveränderungen durchzuführen.

Einen fundamentalen Wandel bedeutete die Wahl von **Michail S. Gorbatschow** im Jahr 1985 zum Generalsekretär der Kommunistischen Partei. Seine Reform-ideen (Perestroika, Glasnost) schwächten den Einfluss der traditionellen Eliten und weckten die Hoffnung auf politische und wirtschaftliche Veränderungen. Dazu trug auch das erfolglose Engagement der sowjetischen Armee in Afghanistan zwischen 1979 und 1989 bei.

Gorbatschow hatte den verbündeten Ländern erlaubt, ihre inneren Angelegenheiten selbstständig zu regeln und damit die Breschnew-Doktrin von 1968 aufgehoben. Dieses Zugeständnis weckte Erwartungen sowohl bei den Ostblockländern als auch bei den einzelnen Sowjetrepubliken. Die Folge war, dass nun seit März 1990 eine Republik nach der anderen aus der UdSSR austrat und sich für selbstständig erklärte. Im Dezember 1990 wurde die Auflösung der Sowjetunion beschlossen.

Es folgte eine Zeit politischer Instabilität und Unruhe. **Boris N. Jelzin** war im Juni 1991 in der ersten demokratischen Wahl zum Präsidenten von Russland gewählt worden. Er zwang Gorbatschow zum Rücktritt. Auf dem Kreml und dem Roten Platz in Moskau wehte, nachdem das rote Banner mit Hammer und Sichel eingeholt waren war, von nun an die weiß-blau-rote Fahne Russlands.

Im Dezember 1991 schlossen sich Russland, Weißrussland und die Ukraine zur **Gemeinschaft Unabhängiger Staaten (GUS)** zusammen. Acht weitere ehemalige Sowjetrepubliken folgten. Sie wollten die mit dem Ende der UdSSR verlorengegangenen wirtschaftlichen und sicherheitspolitischen Bedingungen erneuern. Eine einheitliche politische Grundhaltung war aber nicht mehr zu erreichen.

Kreml und Lenin-Mausoleum in Moskau

IX. Russland heute

Entspannung und neue Konflikte

Russlands Präsident Wladimir Putin

Die Auflösung der Sowjetunion in der Endphase des Kalten Krieges führten in Russland zu tiefgreifenden innenpolitischen Wirren. Fürs Erste ging es darum, das Land politisch und wirtschaftlich zu stabilisieren. Unvergessen war selbstverständlich, dass die Sowjetunion seit dem Ende des Zweiten Weltkrieges – neben den USA – eine der beiden Weltmächte gewesen war. Auch wenn sich das Rad der Geschichte nicht mehr zurückdrehen ließ, beanspruchte Russland seine Anerkennung als Großmacht in der globalen Völkergemeinschaft.

Die neue Verfassung von 1993 – zwei Jahre nach dem Auseinanderfallen der Sowjetunion – beschrieb das Land als einen „demokratisch föderativen Rechtsstaat mit republikanischer Regierungsform“.

An der Spitze des Staates steht der für sechs Jahre gewählte Präsident. Er ist mit besonders großen Machtbefugnissen ausgestattet. Dazu gehört u. a., dass er der Duma (Volksversammlung) den Ministerpräsidenten vorschlägt und den Oberbefehl über die Armee ausübt.

Wladimir Wladimirowitsch Putin konnte auf dieser Grundlage ein machtvolles Präsidialsystem mit deutlich autoritären Zügen errichten. Im Jahr 2012 trat er als Präsident der Russischen Föderation seine dritte Amtszeit an.

Das Verhältnis zwischen den USA und ihren Verbündeten auf der einen und Russland auf der anderen Seite ist gegenwärtig zwiespältig und instabil. Einerseits bemühen sich alle beteiligten Staaten, die Entspannungspolitik der achtziger und neunziger Jahre fortzuführen. Allerdings gibt es immer wieder dramatische Rückschläge. Das gilt z. B. für den seit 2014 andauernden Krieg zwischen der Ukraine und prorussischen Milizen in der Ostukraine und für die ebenfalls 2014 erfolgte völkerrechtswidrige Besetzung der im Schwarzen Meer gelegenen ukrainischen Halbinsel Krim durch Russland. Zu tiefgreifenden außenpolitischen Irritationen führte im Jahr 2015 auch das Eingreifen im Bürgerkrieg in Syrien. Russland überstützte mit seiner Militärmacht den syrischen Diktator Baschar al-Assad. Offensichtlich ging es darum, den russischen Einfluss im Nahen Osten zu sichern.

Die Konflikte in der Ostukraine und auf der Krim weckten ernsthafte Befürchtungen bei den westlichen Nachbarn Russlands, insbesondere bei den baltischen Staaten Litauen, Lettland und Estland sowie Polen. Hier wurden Erinnerungen an das Kaisertum Russland sowie die aggressive Eroberungspolitik Stalins im und nach dem Zweiten Weltkrieg wach. Es gab ernstzunehmende Stimmen, die von einem neuen Kalten Krieg sprachen. Die außenpolitischen Unsicherheiten veranlassten die Nachbarn Russlands, sich enger an den Westen und vor allem auch an die NATO zu binden. Dies wiederum wurde in Moskau als außenpolitischer Affront registriert. Putin sprach in diesem Zusammenhang von einer „ernsten Provokation“.

Lernwerkstatt KALTER KRIEG
Zwei Machtblöcke stehen sich gegenüber – Bestell-Nr. 12 189

IX. Russland heute

Entspannung und neue Konflikte

Soldaten ohne Hohheitszeichen auf der Krim, 2014

EA

Aufgabe 1: *Worauf basiert die besondere Machtfülle des russischen Präsidenten Putin? Alle Hilfsmittel (Internet, Zeitungen und Zeitschriften) sind erlaubt.*

EA

Aufgabe 2: *Welche politischen Folgen ergaben sich aus dem prorussischen Eingreifen in der Ostukraine und der russischen Besetzung der Krim?*

EA

Aufgabe 3: *Wie erklären sich die in den baltischen Staaten und in Polen entstandenen Bedrohungsängste?*

EA

Aufgabe 4: *Schildere, in welcher schwierigen Lage sich die NATO in ihrem Verhältnis gegenüber Russland befindet.*

Für Deutschland ist ein konstruktives und friedliches Verhältnis zu Russland besonders wichtig. ***Bundespräsident Frank Steinmeier*** *sagte bei einem Treffen mit Wladimir Putin im Jahr 2017 in Moskau, er sei der „Überzeugung, dass wir der in den letzten Jahren gewachsenen Entfremdung zwischen unseren beiden Ländern etwas entgegensetzen müssen“.*

Der ***russische Präsident Putin*** *antwortete: „Wir haben festgestellt, dass die deutsch-russischen Beziehungen trotz der bekannten politischen Schwierigkeiten nicht auf der Stelle treten.“*

Logo der russischen Regierung mit dem “Weißen Haus“ in Moskau

EA

Aufgabe 5: *Warum ist Deutschland an einem entspannten Verhältnis zur Russischen Föderation interessiert?*

Lernwerkstatt KALTER KRIEG
Zwei Machtblöcke stehen sich gegenüber – Bestell-Nr. 12 189

Die Lösungen

Kapitel I (Zur Vorgeschichte)

Aufgabe 1+2: Zunächst ist darüber zu sprechen, wie sich Hitler über die Festlegungen des Versailler Vertrages hinwegsetzte: u.a.

- Einführung der allgemeinen Wehrpflicht (März 1935)
- Besetzung des entmilitarisierten Rheinlandes (März 1936)
- Anschluss Österreichs (März 1938) und des Sudetenlandes (September 1938)
- Errichtung des Reichsprotektorats Böhmen und Mähren in der sogenannten „Resttschechei“ (März 1938)

Dann wäre vor allem Hitlers Aggressionspolitik im Zweiten Weltkrieg zu nennen: u. a.

- Angriff auf Polen (1. September 1939)
- Angriff auf Dänemark und Norwegen (April 1940)
- Angriff im Westen auf die Niederlande, Belgien und Frankreich (Mai 1940)
- Angriff auf die Sowjetunion (Juni 1941)
- Kriegserklärung an die Vereinigten Staaten von Amerika (Dezember 1941)
- Schlacht um Stalingrad (Juni 1942 bis Februar 1943)
- Alliierte Landung in der Normandie (Juni 1944)

Aufgabe 3: Hier handelt es sich um zwei höchst dramatische und letzten Endes kriegsentscheidende Ereignisse. Die Wehrmacht konnte Stalingrad nicht vollständig erobern und wurde von der sowjetischen Roten Armee eingeschlossen. Es begann für die Soldaten mitten im russischen Winter eine unvorstellbare Leidenszeit. Die deutsche 6. Armee wurde weitgehend aufgerieben. Die Überlebenden gerieten in sowjetische Kriegsgefangenschaft.

Für die Sowjets bedeutete der Sieg in Stalingrad (heute Wolgograd) die militärische und moralische Wende des Krieges. Nun begann die Rückeroberung der besetzten russischen Gebiete und der lange, verlustreiche Marsch auf die Grenzen des Deutschen Reiches und zur Hauptstadt Berlin.

Bei der Invasion in der französischen Normandie (06. Juni 1944) gelang es den Amerikanern, Briten und Verbündeten, den von den Deutschen errichteten Atlantikwall zu überwinden und eine neue Front zu eröffnen. Von nun an kämpften sie auf dem westeuropäischen Festland gegen die Wehrmacht. Ihr Ziel war, Frankreich mit seiner Hauptstadt Paris zu befreien und dann den Vormarsch in Richtung auf die Reichsgrenze und den Rhein fortzusetzen.

Aufgabe 4: Beim Überfall der Wehrmacht auf die Sowjetunion wurde deutlich, dass Russland nur unzureichend auf einen Krieg mit Deutschland vorbereitet war. Der Deutsch-Sowjetische Nichtangriffspakt (Hitler-Stalin-Pakt) ließ es unwahrscheinlich erscheinen, dass Hitler das unkalkulierbare Risiko eines Zweifrontenkriegs wagen würde.

Die Sowjetunion war gezwungen, von nun an die Hauptlast des Krieges zu tragen. Dazu gehörte u. a. die Verwüstung weiter Teile der Sowjetunion und insbesondere Russlands. Die Eröffnung einer neuen Front würde große Teile der Wehrmacht binden und die Rote Armee nachhaltig entlasten.

Amerikanische Landungstruppen am Omaha Beach/Normandie

Die Lösungen

Kapitel I (Zur Vorgeschichte)

Aufgabe 5: Mit dem Eintritt der USA in den Krieg (Dezember 1941) hatte sich das militärische Kräfteverhältnis dramatisch zuungunsten Deutschlands verändert. Amerika verfügte über schier unerschöpfliche Ressourcen an Menschen und Material. Die Schlacht von Stalingrad (Winter 1942/43) zeigte zum ersten Mal in aller Deutlichkeit, dass Deutschland seine Kräfte überschätzt und überspannt hatte. Vielen wurde nun bewusst, dass der Krieg nicht mehr zu gewinnen war.

Durch die Invasion in der Normandie (Juni 1944) konnten die USA und ihre Alliierten auf dem westeuropäischen Kontinent Fuß fassen. In zähen Kämpfen drangen sie nach Osten vor, erreichten das Reichsgebiet und überschritten den Rhein, eine natürliche Grenze. Die rote Armee kämpfte sich immer weiter nach Westen vor, überschritt die Reichsgrenze und kämpfte bereits in der Reichshauptstadt Berlin.

In völlig aussichtsloser Lage verübte Adolf Hitler am 30. April 1945 Selbstmord. Ein weiterer Widerstand der Wehrmacht, der nur zusätzliche zahllose Opfer gefordert hätte, war sinnlos. Der militärischen Führung bleib keine andere Wahl, als die alliierte Forderung nach einer „bedingungslosen Kapitulation“ zu akzeptieren.

Aufgabe 6:

a) Deutschland hat heute gut 80 Millionen Einwohner. Das entspricht der Gesamtzahl der Menschenopfer im Zweiten Weltkrieg.

In Polen leben etwa 39 Millionen Menschen, in Frankreich 67 Millionen, in Großbritannien 64 Millionen, Italien 62 Millionen. Etwa so viele Menschen wie in den genannten Ländern (Soldaten und Zivilisten) starben im Zweiten Weltkrieg durch das unmittelbare Kriegsgeschehen.

b) Individuelle Lösung. Denke daran, dass es nicht nur um Wohnungen geht, sondern auch um Einrichtungen der sogenannten Infrastruktur: Fabriken, Verwaltungsgebäude, Läden, Bahnanlagen, Talsperren, Elektrizitätswerke, Schulen, Krankenhäuser u. a. Zerstört wurden auch zahllose z. T. unersetzliche historische Gebäude und Denkmäler, z. B. das Berliner Stadtschloss, die Frauenkirche in Dresden oder das Alte Rathaus in Kiel.

Aufgabe 7: US-Präsident Roosevelt befürchtete, dass die Aggressionspolitik der europäischen Diktatoren auch Folgen für die USA und die ganze Welt haben würde. Er versuchte nun, die Amerikaner Schritt für Schritt aus ihrer außenpolitischen Isolation herauszuführen. Möglicherweise war ein Kriegseintritt auf der Seite der demokratischen Länder in Europa, vor allem Großbritanniens und Frankreichs, auf Dauer nicht zu vermeiden.

Aufgabe 8: Das galt vor allem für das faschistische Italien unter Benito Mussolini (Eroberungskrieg in Äthiopien/Abessinien 1935/36) und für das nationalsozialistische Deutsche Reich unter Adolf Hitler.

Aufgabe 9: Er richtete sich an die genannten Staaten und andere diktatorische und aggressive Mächte. Sie sollten erkennen, dass die Geduld der Amerikaner irgendwann einmal zu Ende war.

Aufgabe 10: Fürs Erste traten die weltanschaulichen Bedenken zurück. Die Hauptaufgabe bestand nun darin, Adolf Hitler und das nationalsozialistische Deutschland in seine Schranken zu weisen und einen militärischen Sieg über ganz Europa zu verhindern.

Aufgabe 11: Individuelle Lösungen. Dabei sollten aber die sowjetischen Forderungen nach einer zweiten Front und die Möglichkeit, den Krieg schneller zu beenden, eine Rolle spielen.

Aufgabe 12: Waffenbrüder sind Kampfgenossen, die eine gemeinsame, in der Regel militärische Aufgabe verbindet. Der Begriff hat auch eine emotionale Komponente. Der gefährliche Einsatz und die gemeinsam durchlittenen Gefahren und Ängste schweißen zusammen.

Aufgabe 13: Hitler wollte Russland erobern, um dort den Marxismus-Leninismus auszulöschen und **Lebensraum** für deutsche Siedler zu gewinnen.

Die Amerikaner erklärten Japan den Krieg, nachdem sie von der japanischen Luftflotte in **Pearl Harbor** überfallen worden waren.

Aus dem europäischen Krieg war ein **Weltkrieg** geworden.

Der amtierende britische Premierminister hieß **Churchill**, der US-Präsident **Roosevelt**.

Auf der Grundlage des Leih- und Pachtgesetzes lieferten die USA Nahrungs- und Transportmittel an die UdSSR, aber auch **Waffen**, z. B. **Panzer** und **Flugzeuge**.

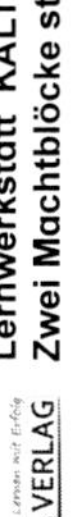

Die Lösungen

Kapitel II (Die Neuordnung nach dem Krieg)

Aufgabe 1: Die Konferenz fand kurz nach Ende des Krieges statt. Eine ganz wichtige Aufgabe war die territoriale Neuordnung in Mittel- und Osteuropa, die bereits vorgeplant und eingeleitet worden war. Deutschland verlor seine „Ostgebiete", Ostpreußen, Teile Pommerns und Brandenburgs sowie Schlesien. Sie wurden unter polnische bzw. sowjetische Verwaltung gestellt (Königsberger Gebiet).
Die vier Besatzungszonen in Deutschland und die vier Sektoren in Berlin wurden festgeschrieben.
Die Konferenzen beschäftigten sich auch mit der Aussiedlung der Deutschen aus den besetzten Gebieten. Sie sollte in ordnungsgemäßer und humaner Weise erfolgen. Durch die Umsiedlung (Vertreibung) von Millionen Deutscher und die Neuansiedlung vor allem von Polen wurden vollendete Tatsachen geschaffen.

Flüchtlingstreck auf dem Weg nach Westen

Aufgabe 2: Präsident Harry S. Truman (USA), Staats- und Parteichef Josef Stalin (UdSSR), Premierminister Winston Churchill und Premierminister Clement Attlee (Großbritannien)

Aufgabe 3: Individuelle Lösungen, soweit möglich. Die brutalen Übergriffe auf Deutsche (Morde, unmenschliche Behandlung) erklären sich aus dem durch das Terrorregime während der deutschen Besatzungszeit aufgestauten Hass. Für viele Polen, Tschechen und Ungarn schlug nun die Stunde der Rache. Das ändert nichts an der Tatsache, dass es sich hier oft um verabscheuenswürdige Verbrechen handelte.

Aufgabe 4: Die Kartenskizze macht deutlich, dass der polnische Staat tatsächlich nach Westen verschoben wurde. Er verlor seine Ostgebiete und erhielt als Entschädigung die bis dahin deutschen Gebiete östlich von Oder und Neiße (Oder-Neiße-Grenze). Die polnischen Ostgebiete und die baltischen Staaten (Litauen, Lettland, Estland) fielen an die Sowjetunion. Stalin war nicht bereit, auf diese Gebiete, die ihm im Deutsch-Sowjetischen Nichtangriffspakt von 1939 von Hitler versprochen worden waren, zu verzichten.

Aufgabe 5: Die Sowjetunion unter Stalin war durch die Kriegsereignisse und die anschließenden vertraglichen Regelungen weit nach Westen vorgerückt. Stalin erhob den Anspruch, nach dem Sieg über Hitler-Deutschland eine Großmacht bzw. eine Weltmacht zu repräsentieren.
Noch spielten die weltanschaulichen Unterschiede zwischen der Sowjetunion und den Westmächten offiziell keine beherrschende Rolle. Für Stalin war aber klar, dass er versuchen würde, die Macht und die politische Einflussnahme der Sowjetunion im Sinne des Kommunismus noch weiter zu vergrößern.

Kapitel III (Der Beginn des Kalten Krieges)

Aufgabe 1: Die Westmächte wollten nach einer Übergangszeit in Deutschland bzw. in ihren Besatzungszonen eine Demokratie nach westeuropäisch-amerikanischem Muster einrichten. Diesem Zweck diente u. a. die „Umerziehung" der stark durch den Nationalsozialismus geprägten Bevölkerung.
Vor allem die USA favorisierten ein marktwirtschaftliches System (freie Marktwirtschaft) und eine kapitalistische Wirtschaftsordnung, wie sie in ihrem eigenen Land existierte.

Die Lösungen

Kapitel III (Der Beginn des Kalten Krieges)

Aufgabe 2: Die Atombombe wurde erstmals am 06. und am 09. August 1945 in Hiroshima und Nagasaki (Japan) eingesetzt. Die durch sie verursachten Menschenverluste und Verwüstungen zwangen das Kaiserreich, nun endlich zu kapitulieren und damit den Krieg im Pazifik zu beenden.

Aufgabe 3: Durch Propaganda versuchten vor allem die USA und die Sowjetunion die Überlegenheit ihrer Systeme zu beweisen und die Bevölkerung in diesem Sinne zu beeinflussen. Das geschah u. a. durch Zeitungen und Zeitschriften, Bücher, Broschüren und Flugblätter, Filme und Radiosendungen.

Aufgabe 4: Die sowjetische Militäradministration wollte in ihrer Besatzungszone rasch unumkehrbare Veränderungen schaffen. Dazu gehörte die politische Vernichtung des „Feudalismus". Sie betraf vor allem den grundbesitzenden Adel (Junkerland) und seinen bis dahin großen politischen Einfluss. Gleichzeitig sollten die politischen Hinterlassenschaften des Nationalsozialismus ausgemerzt werden. Nicht selten kam es vor, dass von den tiefgreifenden Maßnahmen auch Widerstandskämpfer gegen den Nationalsozialismus und politisch Unbelastete betroffen waren.

Aufgabe 5: Die SPD und die KPD hatten teilweise dieselben Wurzeln (Arbeiterbewegung, Karl Marx). Im Ersten Weltkrieg trennten sich der revisionistische Teil der SPD und der revolutionäre Teil voneinander und organisierten sich in zwei konkurrierenden, sich gegenseitig bekämpfenden Parteien (SPD und KPD). In der Endphase der Weimarer Republik beschimpften die Kommunisten die Sozialdemokraten als „Sozialfaschisten".
Erst unter dem Eindruck der nationalsozialistischen Aggressionspolitik lenkte Stalin ein und favorisierte eine proletarische Einheitsfront. – Dieser Gedanke kam nach dem Krieg wieder auf, als die KPD erkennen musste, dass sie keine Chance auf eine Mehrheit in der Bevölkerung besaß und die Umgestaltung der SBZ zu einem sozialistischen Gemeinwesen über diese Partei nicht zu erreichen war. Von nun an warb sie für ein politisches Zusammengehen. Im April 1946 wurde die SED gegründet. Ein Teil der SPD-Mitglieder ließ sich auf dieses Experiment ein. Es ist aber davon auszugehen, dass die Mehrheit den Zusammenschluss ablehnte.

Aufgabe 6: Das Parteisymbol zeigt zwei, die Gemeinsamkeiten betonende ineinander verschränkte Hände (SPD und KPD). Im Hintergrund flattert eine rote Fahne. Sie wurde sowohl von der SPD als auch von der KPD getragen. Ein Emblem fehlt (anders als Hammer und Sichel, Arbeiter und Bauern, auf der Fahne der Sowjetunion oder der KPD).

Aufgabe 7: Obwohl Deutschland in Besatzungszonen aufgeteilt war, sollte es eigentlich als Einheit betrachtet werden. Alle das Gesamtgebiet betreffenden Fragen waren durch den Alliierten Kontrollrat zu klären. Von Anfang an gab es unüberwindliche Schwierigkeiten.

Aufgabe 8: Die Truman-Doktrin von 1947 war als unüberhörbare Warnung an Stalin und die Sowjetunion gedacht. Amerika war nicht bereit, weiter Aggressionen und Ausdehnungsversuche der UdSSR hinzunehmen. Die gefährdeten Länder sollten von den USA unterstützt werden, um sie gegen den Kommunismus zu stärken.

Aufgabe 9: „Doktrin" bedeutet: Lehre, geltender Grundsatz. Die Truman-Doktrin wurde für Jahrzehnte zum bestimmenden Grundsatz der amerikanischen Außenpolitik gegenüber der Sowjetunion.

Aufgabe 10: Die Briten, vertreten durch Premierminister Neville Chamberlain, hatten versucht, Hitler durch Entgegenkommen zu besänftigen und von weiteren Aggressionen abzuhalten. Das Gegenteil geschah. Die vermeintliche Schwäche der Westmächte ermunterte Hitler, auf dem begonnenen Weg weiter voranzuschreiten.

Aufgabe 11: Das sowjetische Ausgreifen war nach Trumans Auffassung nur mit militärischen Mitteln einzudämmen. Das setzte voraus, dass die USA und die westliche Völkergemeinschaft den Sowjets jederzeit gewachsen bzw. ihnen überlegen war.

Aufgabe 12: In der Zeit des Kalten Krieges standen sich nach sowjetischer Auffassung zwei ideologisch völlig entgegengesetzte, feindliche Lager gegenüber, das imperialistisch-antidemokratische (USA u. a.) und das antiimperialistisch-demokratische (UdSSR). Lenin und Stalin vertraten die Auffassung, dass sich der Kommunismus letzten Endes nur durch Revolution und Kampf durchsetzen könnte. Eines Tages musste die unvermeidliche Entscheidung fallen.

Lernwerkstatt KALTER KRIEG
Zwei Machtblöcke stehen sich gegenüber – Bestell-Nr. 12 189

Die Lösungen

Kapitel III (Der Beginn des Kalten Krieges)

Aufgabe 13: Truman reagierte mit Sorge auf die sowjetischen Expansionsbestrebungen in Europa. Seine Rede war als Warnung an die Adresse Stalins gedacht. Die USA würden in Zukunft alle bedrängten Nationen gegen den sowjetischen Machtanspruch unterstützen und die weitere Ausbreitung des sowjetischen Machtbereichs zu verhindern versuchen (Eindämmungspolitik).

Aufgabe 14: Die wirtschaftliche Situation in Europa war katastrophal. Der Krieg hatte ungeheure Anstrengungen erfordert, insbesondere, um die Streitkräfte mit Soldaten und Material auszustatten. Hinzu kam, dass ungeheure Schäden entstanden waren. Witwen, Waisen und Kriegsversehrte mussten versorgt werden. Millionen Flüchtlinge und Vertriebene suchten eine neue Heimat. Viele Städte, Industrie- und Verkehrsanlagen waren zerstört. Die Menschen hungerten.
Besonders schlimm war die Lage in Deutschland. Der mörderische Luftkrieg sollte den Krieg verkürzen und das unmenschliche NS-Regime beenden. Überall herrschten Hunger und Not.

Aufgabe 15: Das Wort „recovery" beutet „Erholung". Europa sollte sich mithilfe amerikanischer Unterstützung von den Folgen des Krieges erholen.

Aufgabe 16: Kredite, geliehenes Geld, waren nötig, um Investitionen, vor allem für den Wiederaufbau (Wohnungen, Fabriken, Straßen, Brücken, Häfen u. a.) finanzieren zu können. Der amerikanische Dollar war eine sehr stabile und international anerkannte Währung. Die Reichsmark war infolge der katastrophalen Überschuldung des Deutschen Reiches fast wertlos. – Die Situation änderte sich erst mit der Währungsreform im Jahr 1948. Die Reichsmark wurde durch die neue Deutsche Mark (DM) ersetzt.

Aufgabe 17: Längst hatte das Ringen um territoriale und politische Macht in Mittel- und Osteuropa begonnen. Stalin wollte verhindern, dass die Amerikaner in der Interessensphäre der Sowjetunion wirtschaftlichen und politischen Einfluss ausübten. Skrupellos und beharrlich war er dabei, den von Moskau gesteuerten und beherrschten „Ostblock"" zu errichten.

Aufgabe 18: Großbritannien war ein Verbündeter der USA. Gemeinsam hatten beide Länder gegen das nationalsozialistische Deutschland gekämpft. Frankreich war von den Deutschen im Krieg besiegt und besetzt worden. Jetzt aber, bei Kriegsende, trat es folgerichtig auf die Seite der Alliierten und wurde so auch eine der vier Besatzungsmächte.
Deutschland hatte im Jahr 1939 den Krieg ausgelöst. Anders als beim Ersten Weltkrieg gab es deshalb keine ernstzunehmenden Auseinandersetzungen über die Kriegsschuldfrage.
Es war zu erwarten, dass das Land wegen seiner Aggressionspolitik, der vielen Verbrechen vor dem Krieg und dann vor allem im Krieg und die durch seine Schuld entstandenen Schäden zur Rechenschaft gezogen würde. Das geschah zunächst auch (Kriegsverbrecherprozesse, Reparationen), wurde unter dem Eindruck der Bedrohung durch die Sowjetunion bald abgemildert oder gar aufgegeben. Deutschland sollte sich wirtschaftlich erholen und eines Tages – nach erfolgreicher „Umerziehung" – ein gleichberechtigtes Mitglied in der westlichen Völkergemeinschaft werden.

Kapitel IV (Gefährliche Zuspitzungen)

Aufgabe 1: Berlin war von der sowjetischen Roten Armee erobert worden und war zunächst nur von sowjetischen Truppen besetzt. Die Westalliierten erreichten durch Verhandlungen, dass auch sie in der alten Reichshauptstadt präsent sein konnten. Sie wurde in vier Sektoren (USA, UdSSR, Großbritannien, Frankreich) aufgeteilt.

Aufgabe 2: Besonders bemerkenswert ist, dass Wertberlin wie eine Insel in der Sowjetischen Besatzungszone, der späteren DDR, lag. Wer die Stadt von Westdeutschland aus erreichen wollte, musste die SBZ durchqueren und sich den damit verbundenen Kontrollen aussetzen oder den unkontrollierbaren Luftweg wählen.

Die Lösungen

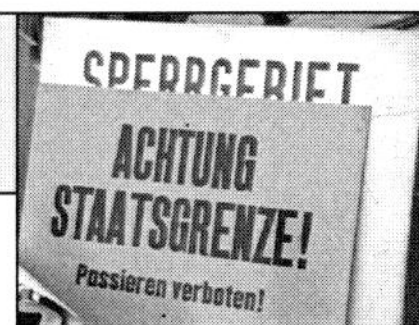

Kapitel IV (Gefährliche Zuspitzungen)

Aufgabe 2: In politischer Hinsicht unterschieden sich West- und Ostberlin grundlegend. Die USA, Großbritannien und Frankreich bemühten sich um Lebensverhältnisse, die denen in den Westzonen entsprachen. In Ostberlin vollzog sich rasch der Wandel zu einem sozialistischen System mit unübersehbarer sowjetischer Einflussnahme. Probleme entstanden dadurch, dass sich die Berliner zunächst relativ frei in der gesamten Stadt bewegen konnten. Das ermöglichte vielen SBZ- bzw. DDR-Bürgern, über Westberlin auf dem Luftweg nach Westdeutschland überzusiedeln. Die Verbindungen zwischen West- und Ostberlin wurden schließlich durch den Mauerbau am 13. August 1961 fast vollständig unterbrochen.

Aufgabe 3: Längst hatte sich gezeigt, dass eine einheitliche Deutschlandpolitik nicht mehr möglich war. Der Westen und der Osten hatten völlig unterschiedliche politische und wirtschaftliche Ordnungsvorstellungen, die miteinander unvereinbar waren. Sie bemühten sich, Schritt für Schritt ihre Systeme zu festigen.

Aufgabe 4: Die überkommene Reichsmark (RM) hatte so stark an Wert verloren, dass sie als Verrechnungseinheit nicht mehr zu gebrauchen war. Privatpersonen, aber auch Unternehmen betrieben die primitive Form des Tauschhandels (Butter und Speck gegen Winterschuhe, Ziegelsteine gegen Kleiderstoffe).
Die Wirtschaft brauchte, um sich erholen zu können, zuverlässiges, wertbeständiges neues Geld, das auch zu Außenwirtschaftsbeziehungen taugte. Die neue Währung, die Deutsche Mark (DM) entstand dadurch, dass der vorhandene Geldbesitz dramatisch abgewertet wurde.

Aufgabe 5: Stalins Hauptziel war wohl, die Entscheidung von 1945 zu korrigieren. Durch die Blockade musste es gelingen, die Westalliierten zur Aufgabe Westberlins zu zwingen. Der Hunger würde die Bevölkerung veranlassen, sich der sowjetischen Besatzungsmacht zu unterwerfen. Sie würde dafür sorgen, dass es wieder genug zu essen und Kohle zum Heizen gab.

Aufgabe 6: Die Westalliierten wussten, dass Berlin ohne ihre Hilfe verloren war. Es gab zwei Alternativen: die Westberliner Bevölkerung aushungern zu lassen oder sich dem sowjetischen Druck zu beugen und Berlin unter sowjetischer Herrschaft wiederzuvereinigen.
Im Rahmen der Containment-Politik unternahmen die USA, Großbritannien und Frankreich den abenteuerlichen Versuch, eine Zweimillionenstadt nur aus der Luft zu versorgen.

Aufgabe 7: Die Frontlinie zwischen dem westlichen und dem sowjetischen Einflussbereich verlief mitten durch Deutschland, nämlich an Elbe und Werra. Sie wurde im Lauf der Zeit zu einer festen, undurchdringlichen Grenze (Zonengrenze) ausgebaut.
Die wirtschaftlichen und weltanschaulichen Gegensätze stießen noch deutlicher und krasser in Berlin aufeinander. Das Verhältnis zwischen Ost und West war durch Misstrauen und Feindseligkeit gekennzeichnet. Immer wieder gab es schwere Konflikte. Dauerhaft bestand die Gefahr eines neuen Krieges, diesmal vor allem zwischen den USA und der UdSSR.

KaDeWe – „Kaufhaus des Westens" in Berlin-Schöneberg, eines der Symbole westlichen Wohlstands

Aufgabe 8: Der Pakt sicherte dem Deutschen Reich die Neutralität der Sowjetunion für den Fall eines Krieges mit Polen und den Westmächten zu. Indirekt unterstützte Stalin so die Aggressionspolitik Hitlers.
In einem geheimen Zusatzprotokoll wurden die beiderseitigen Interessensphären abgesteckt. Sie ermöglichten der Sowjetunion nach Kriegsbeginn den Zugriff auf die baltischen Staaten und auf Ostpolen.

Die Lösungen

Kapitel IV (Gefährliche Zuspitzungen)

Aufgabe 9: Die territoriale Neugliederung erzwang die Umsiedlung von Millionen von Menschen. Die Deutschen mussten größtenteils die sogenannten Ostgebiete verlassen (Flüchtlinge, Vertriebene). Die polnische Bevölkerung aus den Ostgebieten Polens wurde nach Westen, in bislang deutsches Gebiet umgesiedelt. Für alle Betroffenen waren dies schlimme, zutiefst leidvoll Erlebnisse.

Aufgabe 10: SBZ/DDR, Polen, Tschechoslowakei, Rumänien, Bulgarien, Albanien (bis in die 60er Jahre)

Aufgabe 11: Mongolei, Nordvietnam, Nordkorea, China und Kuba

Aufgabe 12: Es gab mehrere Gründe: Die UdSSR hatte im Krieg ungeheure Belastungen auf sich genommen und letzten Endes über das nationalsozialistische Deutschland gesiegt. Nun forderte es den Lohn für seine Opfer.
Ebenso wichtig war der ideologische Hintergrund. In Russland hatte sich unter Lenin die leninistisch-marxistische Doktrin („wissenschaftlicher Sozialismus“) herausgebildet. Russland wurde 1917 das erste kommunistische Land der Erde. Die Sowjetunion und die Kommunistische Partei der Sowjetunion (KPdSU), vor allem auch Stalin betrachteten sich gewissermaßen als „Gralshüter“ der marxistisch-leninistischen Lehre. Sie war verpflichtend für die kommunistischen Parteien auf der ganzen Welt und wurde wie ein religiöses Dogma gewertet. Abweichler mussten nach Möglichkeit mundtot gemacht und ausgeschaltet werden.

Aufgabe 13: Rat für gegenseitige Wirtschaftshilfe (westliche Bezeichnung: COMCON) und Warschauer Pakt

Aufgabe 14: In den westlichen Demokratien sind – rechtlich gesehen – alle Parteien gleichberechtigt (insofern sie sich zu den Grundsätzen der geltenden Verfassungen/Staatgrundgesetze bekennen).
In den Volksdemokratien pochen die sozialistisch-kommunistischen Parteien auf ihren Führungsanspruch. Sie beabsichtigen eine grundlegende Veränderung der politischen, gesellschaftlichen und wirtschaftlichen Verhältnisse und berufen sich dabei auf den von Marx, Engels und Lenin formulierten „wissenschaftlichen Sozialismus“.

Aufgabe 15: Individuelle Lösungen. Zu nennen wären hier die Enteignungen und die Zwangskollektivierung der Landwirtschaft, die Geheimpolizei und die Stasi, Studien- und Berufsverbote, Ausreiseverbote und der Mauerbau von 1961.

Aufgabe 16: Früher kam es gelegentlich zu Unfällen oder schlimmen Brandkatastrophen in Theatern, weil auf der Bühne mit offenem Feuer hantiert wurde. Seit Ende des 19. Jahrhunderts wurden deshalb eiserne Gittervorhänge zwischen Bühne und Zuschauerraum vorgeschrieben, um das Übergreifen eines Brandes auf das Gesamttheater zu verhindern.

Für Churchill bezeichnete der Begriff die strenge ideologische und machtpolitische Trennungslinie zwischen dem Westen und dem Ostblock. Churchill und Truman dachten auch daran, dass der Eiserne Vorhang die weitere Ausbreitung der russisch-sowjetischen Macht und des Kommunismus verhindern sollte.

Aufgabe 17: Jugoslawien
1949 / Mao Zedong (Mao Tse-tung)
Kuba
Staatssicherheitsdienst

Aufgabe 18: Der Rüstungswettlauf war eine Folge des wachsenden Misstrauens zwischen den Westalliierten und der Sowjetunion. Er wurde ausgelöst durch die sowjetische Machterweiterung im Osten Europas und durch den wachsenden, immer bedrohlicher werdenden Einfluss des Kommunismus. Beide Seiten setzten auf die „Politik der Stärke“ und erzeugten schließlich durch die nukleare Aufrüstung ein „Gleichgewicht des Schreckens“.

Aufgabe 19: USA seit 1945/1952, UdSSR seit 1949/1953

Aufgabe 20: in Hiroshima am 06. August 1945, in Nagasaki am 09. August 1945

Aufgabe 21: Der Begriff „Overkill“ bezieht sich auf die Ausrüstung der Weltmächte USA und UdSSR mit Nuklearwaffen. Die Waffenvorräte waren schließlich so umfangreich, dass damit die ganze Menschheit ausgerottet und die Erde vernichtet werden konnte.

Aufgabe 22: Nordatlantikpakt, Nordatlantische Vertragsorganisation, North Atlantic Treaty Organization

Lernwerkstatt KALTER KRIEG
Zwei Machtblöcke stehen sich gegenüber – Bestell-Nr. 12 189

Die Lösungen

Kapitel IV (Gefährliche Zuspitzungen)

Aufgabe 23: Ja, die Bundesrepublik Deutschland ist seit 1955 Mitglied der NATO.

Aufgabe 24: Dazu in Kürze: Grundsätzlich besteht das Recht jedes Staates auf Selbstverteidigung. Die Beistandspflicht der NATO-Mitglieder entsteht, wenn eines von ihnen angegriffen wird. Jeder Staat entscheidet für sich, welche Maßnahmen in diesem Zusammenhang zur Wiederherstellung und zur Aufrechterhaltung der Sicherheit zu ergreifen sind. Dazu gehört auch die Anwendung militärischer Mittel (Krieg).

Aufgabe 25: Individuelle Lösungen.

Aufgabe 26: Das volksreichste Land der Erde wurde kommunistisch. Damit erhielt der Ostblock einen gewaltigen Machtzuwachs.

Aufgabe 27: Nach der Befreiung von der japanischen Besetzung wurde Korea in einen kommunistischen Nordteil und einen westlich orientierten Südteil aufgespalten. Beide Teile erstrebten die Wiedervereinigung. Der Krieg wurde im Jahr 1950 durch den Angriff auf den Süden ausgelöst.

Aufgabe 28: Der „große Krieg" zwischen den Weltmächten fand – zum Glück – nie statt. Die USA und die UdSSR beteiligten sich aber mehr oder weniger offen an zahlreichen anderen Konflikten, gewissermaßen stellvertretend. So auch in Korea. Der Norden wurde von Rotchina und der Sowjetunion, der Süden von den USA und andern westlichen Ländern unterstützt.

Aufgabe 29: Bislang war es nicht gelungen, die weitere Ausbreitung des Kommunismus zu verhindern (z. B. China 1949). In Korea sollte nun die Eindämmungs- bzw. Roll-back-Strategie durchgesetzt werden.

Aufgabe 30: Die Gefahr eines Atomkriegs bestand, vor allem auch deshalb, weil einflussreiche Militärs, vor allem der amerikanische Oberbefehlshaber General MacArthur, den Einsatz der Atombombe forderten, um die zeitweilige Übermacht Nordkoreas zu brechen und einen Sieg zu erzwingen.

Aufgabe 31: Individuelle Lösungen.

Kapitel V (Deutschland im Kalten Krieg)

Aufgabe 1: Die Westmächte hatten erkannt, dass es keine Möglichkeit mehr gab, mit den Sowjets zu einer Einigung über den künftigen politischen Status Deutschlands zu gelangen. Inzwischen hatten sich die beiden Teile zu weit auseinanderentwickelt. Die Westmächte wollten einen Staat auf der Grundlage ihrer liberal-demokratischen Weltanschauung; die Sowjets erstrebten einen sozialistisch-kommunistischen Staat mit enger Bindung an die UdSSR.

Aufgabe 2: Die Währungsreform war wirtschaftlich notwendig. Eine Währung für Gesamtdeutschland schien wegen der unterschiedlichen Wirtschaftssysteme in Ost und West aber unmöglich. Der westliche Alleingang schuf unumkehrbare Verhältnisse und zementierte so die deutsche Spaltung.

Aufgabe 3: Deutschland war ein besetztes Land ohne politische Souveränität. Nach wie vor lagen alle wichtigen Entscheidungsbefugnisse bei den Besatzungsmächten. Wenn eine Verfassung erarbeitet und ein neuer Staat begründet werden sollte, dann war das nur mit der Zustimmung der Besatzungsmächte möglich.
Im Westen beauftragten sie den Parlamentarischen Rat und die in ihm versammelten Abgeordneten der einzelnen Länder mit der Ausarbeitung der Verfassung. Aber die letzte Entscheidung lag bei ihnen. Sie nahmen erheblichen Einfluss auf den Verfassungstext. Ähnliches galt für die SBZ. Auch hier erfolgte die Verfassungsarbeit in Absprache mit der Sowjetischen Militäradministration. Auch hier wurde ein der Besatzungsmacht genehmer Text formuliert und beschlossen.

Aufgabe 4: Der Parlamentarische Rat war die verfassunggebende Versammlung für Westdeutschland. Er tagte in Bonn, der späteren Bundeshauptstadt.

Aufgabe 5: Die Verkündigung des Grundgesetzes erfolgte am 23. Mai 1949. Damit war die Bundesrepublik Deutschland gegründet.

Die Lösungen

Kapitel V (Deutschland im Kalten Krieg)

Aufgabe 6: Den aktuellen Machtverhältnissen entsprechend galt das Grundgesetz nur für das Gebiet der westlichen Besatzungszonen bzw. der Bundesrepublik. Als politisches Ziel blieb die Wiedervereinigung Deutschlands bestehen. Durch das sogenannte „Wiedervereinigungsgebot" im Grundgesetz erhielt sie Verfassungsrang. Alle Institutionen waren damit verpflichtet, im Rahmen ihrer Möglichkeiten auf dieses Ziel hinzuwirken.

Aufgabe 7:

a) Hier wurde das Grundgesetz zugrunde gelegt: U. a. Grundrechte, Gliederung der Bundesrepublik, Institutionen (Bundestag, Bundesrat, Bundepräsident, Bundesregierung), Gesetzgebung, Rechtsprechung, Finanzen, Verteidigung – Andere Verfassungen beschäftigen sich in der Regel mit ähnlichen Themen.

b) Die Verfassung ist allen anderen gesetzlichen Vorschriften übergeordnet. Sie alle müssen „verfassungskonform" sein. Sonst sind sie ungültig. In der Bundesrepublik entscheidet darüber ggf. das Bundesverfassungsgericht.

Aufgabe 8: Da Deutschland nicht souverän war, galt die Zuständigkeit der Besatzungsmächte. Sie delegierten diese an den Parlamentarischen Rat aus Abgeordneten der einzelnen Länder. Sie nahmen aber erheblichen Einfluss auf die Ausgestaltung des Verfassungstextes.

Aufgabe 9: Die Deutsche Demokratische Republik (DDR) wurde am 7.Oktober 1949 auf Beschluss der provisorischen Volkskammer gegründet.

Aufgabe 10: Individuelle Lösungen: Nicht fehlen sollten aber:

- *Die Deutsche Demokratische Republik ist ein sozialistischer Staat der Arbeiter und Bauern. Sie ist die politische Organisation der Werktätigen in Stadt und Land unter der Führung der Arbeiterklasse und ihrer marxistisch-leninistischen Partei.*
- *Alle politische Macht in der Deutschen Demokratischen Republik wird von den Werktätigen in Stadt und Land ausgeübt.*
- *hohes Entwicklungstempo*
- *Die Ausbeutung des Menschen durch den Menschen ist für immer beseitigt.*
- *„Jeder nach seinen Fähigkeiten, jedem nach seiner Leistung."*

SED-Plakat von 1947

Aufgabe 11: Das Verhältnis zwischen den Westmächten und der Sowjetunion hatte sich so stark verschlechtert, dass ein militärischer Konflikt nicht mehr auszuschließen war. Um dafür gewappnet zu sein, hatten die Westmächte bereits im Jahr 1949 die NATO als westliche Verteidigungsorganisation gegründet.
Zunächst galt die Bestimmung der Potsdamer Konferenz, dass Deutschland total demilitarisiert werden sollte. Mit der wachsenden Gefahr aus dem Osten vollzog sich aber ein grundlegender Gesinnungswandel. Deutschland war durch die Alliierten geschützt, u. a. durch die hier stationierten Truppen. Nun sollte es sich aber auch in geeigneter Weise an den gewaltigen Aufwendungen für die Verteidigung beteiligen.

Aufgabe 12: Hier wurde deutlich, dass die Westalliierten bereit waren, die Entmilitarisierung Westdeutschlands schrittweise zu lockern. Der Bundesgrenzschutz war eine bewaffnete und , militärisch organsierte Truppe, die sich zum Teil auf den Sachverstand ehemaliger Offiziere und Soldaten der Wehrmacht stützte. Später, nach der Einführung der Bundeswehr, waren viele Offiziere und Soldaten des Grenzschutzes an deren Aufbau beteiligt.

Lernwerkstatt KALTER KRIEG
Zwei Machtblöcke stehen sich gegenüber – Bestell-Nr. 12 189

Die Lösungen

Kapitel V (Deutschland im Kalten Krieg)

Aufgabe 13: Der Krieg war für die allermeisten Deutschen eine traumatische Erfahrung gewesen. Eigentlich hatte jede Familie Opfer zu beklagen. Die Zerstörungen waren ungeheuer und auch Anfang der fünfziger Jahre noch nicht überall behoben. Viele Menschen wurden von Selbstzweifeln und Schuldgefühlen geplagt. Die meisten wollten so etwas nicht noch einmal erleben: Nie wieder Krieg!

Andere stellten die Bedrohung durch die Sowjetunion und die Rote Armee in den Mittelpunkt der Betrachtung. Auch wenn es schwerfiel, mussten die Deutschen das Opfer auf sich nehmen und sich für einen möglichen Krieg mit der nach ihrer Auffassung drohenden politischen Versklavung rüsten.

Aufgabe 14: Die Westmächte waren darauf bedacht, die deutsche Armee von Anfang an in die westliche Verteidigungsgemeinschaft NATO einzubinden. So sollten mögliche Alleingänge vermieden und die Abwehrfront gegenüber dem Osten gestärkt werden.

Aufgabe 15: In der DDR vollzog sich die Entwicklung ähnlich wie in der Bundesrepublik. Auch hier ging die Armee aus den kasernierten und bewaffneten Polizeiverbänden, der Kasernierten Volkspolizei, hervor. Sie leistete dann beim Aufbau der Nationalen Volksarmee personelle und organisatorische Hilfe.
Der Warschauer Pakt, die Verteidigungsorganisation der Ostblock-Länder, war deren Antwort auf den Beitritt der Bundesrepublik Deutschland zur NATO im Jahr 1955.

Truppenparade der NVA zum 30. Jahrestag der DDR-Gründung, 1979

Aufgabe 16: Viele in der SBZ und in der DDR lebende Menschen verließen ihre Heimat, weil sie sich im Westen ein angenehmeres Leben und größere politische Freiheit erhofften. Die Übersiedlung und Flucht wurde für die DDR sehr rasch zu einem großen Problem. Vor allem jüngere, oft sehr gut ausgebildete Leute verließen das Land. Die Regierung unternahm große Anstrengungen, um das zu verhindern, z. B. durch die Befestigung der Grenze gegenüber der Bundesrepublik. Darüber hinaus wurde der Straftatbestand der Republikflucht eingeführt. Wem Vorbereitungen für das illegale Verlassen des Landes nachgewiesen werden konnten oder wer bei der Flucht gefasst wurde, hatte strenge Strafen zu erwarten.

Aufgabe 17: Die Bezeichnung „Antifaschistischer Schutzwall" sollte die wahre Absicht des Mauerbaus verschleiern. Angeblich drohte von Westen, aus der wiederbewaffneten Bundesrepublik und seitens der NATO Gefahr für die DDR. Zudem wollte man verhindern, dass westliche Spione und Agenten nach Ostberlin und in die DDR nahezu ungehindert einreisen konnten. Also diente die Mauer vermeintlich dem Schutz der DDR-Bevölkerung.

Aufgabe 18: Der Bevölkerungsverlust der DDR war so dramatisch, vor allem 1961, dass die sowjetische Führung keine andere Möglichkeit sah, als dem Drängen der DDR-Führung nachzugeben. Wenn die Mauer einmal stand, würde sich die Lage an der Grenze wahrscheinlich beruhigen.

Aufgabe 19: Bis zum August 1961 gab es die Möglichkeit, zwischen den Berliner Sektoren zu wechseln. Viele Menschen hatten Verwandte und Freunde in beiden Teilen Deutschlands. DDR-Bürger konnten sie ggf. in Ost- oder Westberlin treffen. Das war nun vorbei. Die Abriegelung wurde allgemein als sehr schmerzlich und inhuman empfunden.

Aufgabe 20: Im Jahr 1989 gab es Anzeichen, dass die DDR ohne systemverändernde Reformen nicht mehr lange bestehen würde. Überall fanden machtvolle Demonstrationen statt, bei denen politische Freiheiten gefordert wurden. Als sich die Verhältnisse dramatisch zuspitzten, beschloss die DDR-Führung, die geltenden Reisebeschränkungen aufzuheben. Noch in der Nacht des 09. November 1989 erzwangen Zehntausende die Öffnung der Grenzkontrollstellen und strömten nach Westen.

Die Lösungen

Kapitel V (Deutschland im Kalten Krieg)

Aufgabe 21: Im Osten wurde Ostberlin offiziell als Hauptstadt der DDR bezeichnet.
Das Brandenburger Tor ist eine der bekanntesten Sehenswürdigkeiten Berlins. Hier verlief die Berliner Mauer.
Die Berliner Mauer wurde ohne Vorankündigung am 13. August 1961 errichtet.
Dem Bau der Mauer ging eine Absprache zwischen dem DDR-Staatsratsvorsitzenden Ulbricht und dem sowjetischen Staatschef Chruschtschow voraus.
Die Anwendung des Schießbefehls führte dazu, dass viele Menschen an der Berliner Mauer starben.
Die Mauer existierte 28 Jahre lang. Sie wurde am 09. November 1989 unter dem Druck der Bevölkerung geöffnet.
Am 03. Oktober 1990 erfolgte die Wiedervereinigung Deutschlands.

Kapitel VI (Unruhen im Ostblock)

Aufgabe 1: Die DDR-Bürger erwarteten ein Ende des brutalen Stalinismus und eine Verbesserung der Lebensverhältnisse (u. a. Freiheit, ausreichende Versorgung mit Konsumgütern) in ihrem Land. – Der Westen hoffte vor allem auf eine außenpolitische Entspannung und die Verringerung der Kriegsgefahr.

Aufgabe 2: Die Streiks wurden durch die Erhöhung der Arbeitsnormen in der DDR ausgelöst. Dadurch sollte die Produktivität der Wirtschaft gesteigert werden. Das bedeutete für die Arbeitenden de facto eine Verringerung des Lohns.

Aufgabe 3: Die sozialpolitischen Forderungen der Arbeiter verbanden sich sehr rasch mit allgemeinpolitischen Forderungen. Die Führung sollte abgesetzt, das politische System grundlegend erneuert werden.

Aufgabe 4: Die Führung überstand die existenzbedrohliche Krise nur deshalb, weil der Ausnahmezustand verkündet wurde und die sowjetischen Streitkräfte den Aufstand mit Waffengewalt niederschlugen.

Aufgabe 5: Der Tag der deutschen Einheit sollte an den Versuch der DDR-Bevölkerung, einen politischen Wandel zu erzwingen, erinnern. Von vielen Menschen wurde das SED-Regime als Unrechtsstaat empfunden und abgelehnt.
Gleichzeitig sollte den Menschen in Ost und West immer wieder klargemacht werden, dass die beiden Teile Deutschlands zusammengehörten und dass die Wiedervereinigung das anzustrebende Ziel blieb.

Kleines DDR-Quiz

1. im Osten Oder und (Görlitzer oder Lausitzer) Neiße, im Westen Elbe und Werra
2. Ost-Berlin (offizielle Bezeichnung: Berlin, Hauptstadt der DDR)
3. Walter Ulbricht
4. Weimar, Dresden, Frankfurt an der Oder, Wittenberg
5. LPG = Landwirtschaftliche Produktionsgenossenschaft, MfS = Ministerium für Staatssicherheit/Stasi, NVA = Nationale Volksarmee, RGW = Rat für gegenseitige Wirtschaftshilfe, FDGB = Freier Deutscher Gewerkschaftsbund, SMAD = Sowjetische Militäradministration, VEB = Volkseigener Betrieb, VP = Volkspolizei, ZK = Zentralkomitee (der SED)
6. Leipzig – Messe, Potsdam – Sanssouci, Harz – Brocken, NVA – Warschauer Pakt, Dresden – Frauenkirche, Rostock – Warnemünde, Stasi – Geheimdienst, SED – KPD

Aufgabe 6: Der Aufstand begann mit friedlichen Studentenprotesten. Als die Teilnehmerzahl immer größer wurde, ließ die Regierung auf sie schießen. Die Aufständischen bewaffneten sich selbst, und es kam zum erbitterten Kampf.

Aufgabe 7: Die Demonstranten forderten politische Freiheiten und die Einführung der Demokratie. Diese Ziele waren mit der bisherigen kommunistischen Regierung nicht zu verwirklichen.

Aufgabe 8: Der Kommunismus war eine revolutionäre Bewegung. Durch eine die bisherigen Verhältnisse grundlegend verändernde Umwälzung war er an die Macht gelangt. Die Herrschenden richteten sich nach der angeblich unfehlbaren Lehre des wissenschaftlichen Sozialismus von Marx und Lenin. Wer eine Konterrevolution versuchte, handelte gegen den Kommunismus und war folglich Träger eines falschen, überholten ideologischen Bewusstseins.

Die Lösungen

Kapitel VI (Unruhen im Ostblock)

Aufgabe 9: Durch die von Alexander Dubček und seinen Anhängern eingeleiteten Reformen der politischen und wirtschaftlichen Verhältnisse und der Lebensverhältnisse insgesamt entstand eine große, weite Teile der Bevölkerung erfassende Aufbruchsstimmung. Sie war wie ein Frühling nach einem langen, strengen Winter.

Aufgabe 10: Völlig ungewöhnlich war, dass eine so weitreichende Reformbewegung von einem Kommunisten oder von Kommunisten ausging. In den Augen seiner traditionalistischen Genossen musste Dubček als Verräter erscheinen.

Aufgabe 11: Wenn ein kommunistisch regiertes Land einen grundlegenden Systemwechsel beabsichtigt, z. B. indem es die politischen Ordnungsvorstellungen des Westens übernimmt, dann ist es die Aufgabe der sozialistischen „Brudervölker“, es daran – ggf. mit Waffengewalt – zu hindern.

Aufgabe 12: Die Unzufriedenheit in der Bevölkerung hatte mehrere Gründe: Beklagt wurde die unzureichende Versorgung mit Nahrungsmitteln und andern Konsumgütern sowie die Beschränkung der Freiheit des Einzelnen. Die Aufstandsbewegungen begannen in aller Regel mit friedlichen Protestdemonstrationen, die sich dann – auch unter dem Druck der Staatsmacht – radikalisierten. Zu den wirtschaftlichen kamen rasch allgemeinpolitische, das ganze System betreffende Forderungen hinzu.

Aufgabe 13: Die Sowjetunion drängte die polnische Regierung dazu, für „Ordnung“ im eigenen Land zu sorgen. Allerdings war der Druck seitens der Opposition, vor allem vertreten durch die Gewerkschaft Solidarność, so groß, dass eine Befriedung der Bevölkerung sehr schwierig erschien.

Logo Solidarność

In Sinne der im Jahr 1968 formulierten Breschnew-Doktrin drohte Moskau mit einer militärischen Invasion. Sie wurde abgewendet, weil die Polen nun selbst handelten, durch einen Staatsstreich eine Militärregierung einsetzten und das Kriegsrecht verhängten.

Aufgabe 14: Das Kriegsrecht ist ein Ausnahmerecht für den Fall eines Krieges oder einer anderen existenzbedrohenden Krise. Wichtige Schutzrechte werden für seine Dauer außer Kraft gesetzt. Die Exekutive erhält Sondervollmachten, um den drohenden Gefahren machtvoll begegnen zu können. – Oft wird das Kriegsrecht auch dazu missbraucht, um die Diktatur einer Person oder einer politischen Gruppe durchzusetzen.

Kapitel VII (Die Stellvertreterkriege)

Aufgabe 1: Grundsätzlich vertraten die USA seit den vierziger Jahren die Auffassung, dass der Ausbreitung des Kommunismus Einhalt geboten (Eindämmungspolitik) bzw. dass er zurückgedrängt werden müsse (Roll-Back-Politik). Nun war ein sozialistisch-kommunistisches Land „vor der Haustür“ entstanden.
Die Installation der Atomraketen bedeutete eine lebensbedrohende Gefahr. Von Kuba aus konnten sie das Gebiet der USA erreichen und damit ggf. den Krieg in das dahin unangreifbar geltende Land tragen.

Aufgabe 2: Sowohl das Verhalten Chruschtschows als auch das Kennedys erinnerten fatal an ein Glücksspiel. Die Sowjetunion rechnete anscheinend damit, dass die USA im günstigsten Fall die Installation der Raketen nicht bemerken bzw. nicht reagieren würden. Kennedy setzte aufs Ganze und drohte mit einem Krieg.
Wenn Chruschtschow nicht nachgab, dann mussten die Waffen entscheiden. Eine neue Menschheitskatastrophe kündigte sich an. Offensichtlich begriff die sowjetische Führung, wie ernst den Amerikanern ihr Ultimatum war und welche fürchterlichen Verwüstungen ein (möglicherweise atomarer) Krieg bewirken musste.

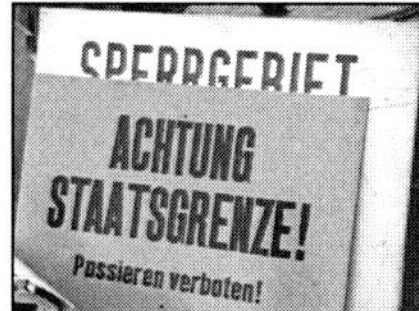

Die Lösungen

Kapitel VII (Die Stellvertreterkriege)

Aufgabe 3: Auch dieser Krieg war ein Stellvertreterkrieg, weil sich hier mehr oder weniger verdeckt bzw. mehr oder weniger offen die beiden rivalisierenden Blöcke gegenüberstanden: von Norden her die von der UdSSR unterstützten Kommunisten, von Süden die westlich orientierten, von den USA gestützten Südvietnamesen.

Aufgabe 4: Die Nordvietnamesen verfügten nicht über so große militärische Ressourcen wie die Südvietnamesen bzw. die Amerikaner. Ihr Vorteil war, dass sie sich im Gelände und mit der Mentalität ihrer Landsleute sehr gut auskannten und die Guerillataktik erfolgreich anwenden konnten.
Die USA vertrauten auf ihre materielle und militärtechnische Überlegenheit und waren sicher – irrtümlicherweise –, dass sie damit den schlechter ausgerüsteten Gegner in die Knie zwingen konnten.

Aufgabe 5: Die Kriegsgegner sahen im amerikanischen Eingreifen in den vietnamesischen Bürgerkrieg einen imperialistischen Eroberungskrieg. Sie ahnten, dass ihnen ihre Regierung nicht die volle Wahrheit sagte. Im Übrigen rebellierten sie gegen die ungeheure Brutalität, mit der der Krieg geführt und der Zivilbevölkerung unsägliche Leiden zugefügt wurden.

Aufgabe 6: Die USA mussten einsehen, dass der Krieg für sie nicht zu gewinnen war und verließen das Land im Jahr 1973. Nordvietnam eroberte ganz Südvietnam und vereinigt beide Teile des Landes unter kommunistischer Führung.

Aufgabe 7: Individuelle Lösungen.

Aufgabe 8: Individuelle Lösungen. Weiterreichende Kenntnisse sind nicht vorauszusetzen. Allerdings wissen die Schüler vermutlich das Eine oder andere über das Eingreifen der USA und ihrer Verbündeten im Irak (2003), über den Islamischen Staat (IS) und die Maßnahmen der Völkergemeinschaft zu seiner Bekämpfung sowie über islamistisch motivierte Terroranschläge.

Kapitel VIII (Das Ende des Kalten Krieges)

Aufgabe 1: Allen Beteiligten war bewusst, dass ein Krieg schrecklich werden würde und dass die Existenz der Menschheit bedroht war. Hinzu kam, dass die durch den Rüstungswettlauf erzwungenen Ausgaben für das Militär die Volkswirtschaften überforderten. Die Proteste in der Bevölkerung da, wo sie sich äußern konnten, wurden unüberhörbar.

Aufgabe 2: Die Bundesrepublik beharrte auf ihrem Alleinvertretungsanspruch. Sie betrachtete sich als die legitime Rechtsnachfolgerin des Deutschen Reiches. Hinzu kam, dass die DDR als Unrechtsstaat galt, der völlig von der Sowjetunion abhängig war.

Aufgabe 3: Bundeskanzler Willy Brandt, SPD, (Nachfolger Helmut Schmidt, SPD) und Außenminister Walter Scheel (FDP)

Aufgabe 4: Das Ziel war die Verbesserung der Lebensverhältnisse für die Menschen in Ost und West. Für dieses Vorgehen hatte Egon Bahr, der Berater des Bundeskanzlers Brandt, die Formel „Wandel durch Annäherung" geprägt. Allerdings war er mit erheblichen politischen Zugeständnissen verbunden. Dazu gehörte die Anerkennung der DDR als selbstständiger Staat und die Anerkennung der bestehenden Grenzen, u. a. auch der Oder-Nieße-Grenze zwischen Deutschland und Polen.

Aufgabe 5: Die Kompromissbereitschaft der sozial-liberalen Koalition wurde von vielen Menschen in Deutschland, insbesondere auch von der CDU und der bayerischen CSU, als unangemessenes Entgegenkommen gegenüber den Kommunisten bewertet. Immer wieder wurde der Vorwurf laut, Brandt und Scheel betrieben eine die nationalen Interessen missachtende „Verzichtpolitik".

Aufgabe 6: Individuelle Lösungen. Folgende Punkte sind erwähnenswert:

- gutnachbarschaftliche Beziehungen
- Gleichberechtigung zwischen der Bundesrepublik und der DDR
- Geltung der Prinzipien der UN-Charta (souveräne Gleichheit der Staaten, Unabhängigkeit, Selbstständigkeit und territoriale Integrität, Selbstbestimmungsrecht, Menschenrechte und Nichtdiskriminierung)
- Lösung von Streitfragen mit friedlichen Mitteln, Gewaltverzicht
- Unverletzlichkeit der bestehenden Grenzen

Die Lösungen

Kapitel VIII (Das Ende des Kalten Krieges)

Aufgabe 7: Der Rüstungswettlauf hatte zu einer unverhältnismäßig großen Ansammlung von Rüstungsmaterial, vor allem auch von nuklearen Waffen geführt. Der sogenannte „Overkill“ bedeutete eine lebensbedrohliche Gefahr für die Menschheit. Hinzu kam, dass die Hochrüstung mit kostspieligen hochtechnologischen Waffensystemen einen großen Teil des öffentlichen Vermögens verschlang und der Bevölkerung harte Opfer auferlegte.

Aufgabe 8:
- Unverletzlichkeit der Grenzen
- friedliche Regelung von Streitfragen
- Nichteinmischung in die inneren Angelegenheiten anderer Staaten
- Wahrung der Menschenrechte und Grundfreiheiten
  (zusätzlich vereinbart wurden: Zusammenarbeit in Wirtschaft, Wissenschaft und Umwelt)

Aufgabe 9: Als besonders wirkungsvoll erwiesen sich die Forderungen auf Einhaltung der Menschenrechte und Grundfreiheiten. Nun erfuhren viele Zeitgenossen, dass man über diese Themen reden durfte. Sie fühlten sich gestärkt und forderten von ihren Regierungen deren Einhaltung ein.

Aufgabe 10: Die Entspannungsbemühungen hatten die Hoffnung auf einen dauerhaften Ausgleich zwischen den konkurrierenden Machtblöcken geweckt. Nun sollte eine neue Phase des Rüstungswettlaufs und das damit verbundene Bedrohungsszenario beginnen. Seit Jahren kämpfte die Friedensbewegung gegen die Aufrüstung. Die neue Eskalation rief auch viele Menschen, die sich bisher zurückgehalten hatten, auf den Plan. Darunter waren viele Intellektuelle und Studenten, Gewerkschafter und politisch Interessierte unterschiedlicher Herkunft. Weite Teile der Bevölkerung fühlten sich von den Regierenden übergangen und existenziell bedroht.

Aufgabe 11: Folgende Halbsätze gehören inhaltlich zusammen:
1 – e / 2 – a / 3 – f / 4 – b / 5 – c / 6 – g / 7 – d

Aufgabe 12: Die Lehren von Marx, Engels und Lenin, der „wissenschaftliche Sozialismus“, wurden in der Sowjetunion und den anderen kommunistischen Ländern wie ein Dogma bewertet. Kritik wurde in der Regel unterdrückt. Die führenden Persönlichkeiten der Partei, oft alte Männer (Gerontokratie), verteidigten das von ihnen Geschaffene und wollten keine systemverändernden Neuerungen. Die politische und wirtschaftliche Erstarrung wurde durch beschönigende Propaganda verschleiert.

Aufgabe 13: Die Menschen in der Sowjetunion und im ganzen Ostblock waren auf die geltende politische Doktrin verpflichtet. Es gab keine Meinungsfreiheit im westlichen Sinne. Allgemein galt das Gebot der Parteilichkeit, auch für die Gerichte. Abweichungen wurden entlarvt (Geheimpolizei) und hart bestraft.

Aufgabe 14:
Perestroika = Umbau von Staat, Gesellschaft und Wirtschaft zugunsten freiheitlicher und menschlicherer Lebensverhältnisse (vgl. Tschechoslowakei 1968)
Glasnost = Durchschaubarkeit politischer Entscheidungsprozesse. Das bewirkt, dass sich die Bevölkerung einbezogen fühlt und mitwirkt.

Aufgabe 15: Im Land kam es zu zahlreichen heftigen Protestaktionen gegen die Regierung und die SED. Die Forderung nach demokratischen Freiheiten wurde immer lauter („Wir sind das Volk!“). Viele DDR-Bürger versuchten über Ungarn und die Tschechoslowakei nach Westen auszureisen. Ungarn öffnete die Grenze. Die DDR-Führung musste nach langem Hin und Her den Flüchtlingen in der deutschen Botschaft in Prag die Ausreise nach Westen gestatten.
Unter dem gewaltigen öffentlichen Druck beschloss die DDR-Führung die Reisefreiheit. Viele DDR-Bürger nutzten die Ankündigung sofort und erzwangen noch in der Nacht des 09. November 1989 die Öffnung der Schlagbäume.

Aufgabe 16: Das militärische Eingreifen und das damit verbundene Blutvergießen hätten vor aller Welt erneut und besonders drastisch den Unrechtscharakter des Systems offenbart. Auch konnte die DDR-Führung diesmal – nach Gorbatschows Aussagen – nicht mit der Unterstützung durch die Sowjetunion und damit durch die in der DDR stationierten Truppen der sowjetischen Armee rechnen.

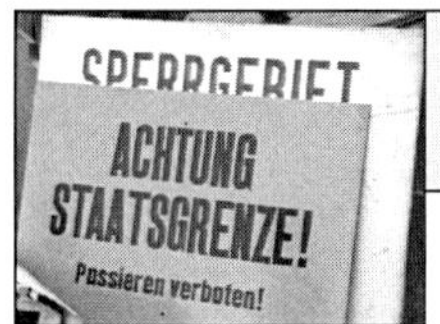

Die Lösungen

Kapitel VIII (Das Ende des Kalten Krieges)

Aufgabe 17: Der Führungsanspruch der SED war endgültig beendet. Die Wähler entschieden sich für zumeist neu entstandene Parteien der Mitte. Viele Abgeordnete der neuen Volkskammer waren nun entschlossen, auf die Wiedervereinigung hinzuarbeiten.

Aufgabe 18: Die Einführung der DM bedeutete den Anschluss an das westliche, marktwirtschaftliche Wirtschaftssystem. Damit ließ sich die bisher praktizierte Planwirtschaft nicht vereinbaren.

Aufgabe 19: Nach dem Zweiten Weltkrieg hatte es zwischen Deutschland und den Siegermächten keinen Friedensvertrag gegeben. Noch immer galten die alliierten Vorbehaltsrechte in Bezug auf Deutschland. Nun erklärten sich die USA, die UdSSR, Großbritannien und Frankreich mit der Wiedervereinigung Deutschlands einverstanden. Der Kriegszustand war durch den Vertrag, der im Prinzip ein Friedensvertrag war, beendet.

Aufgabe 20: Die Probleme waren vielfältig und nur schwer zu lösen. Zwar war es der DDR ganz offensichtlich nicht gelungen, die Anerkennung der Mehrheit der Bevölkerung zu gewinnen. Dennoch gab es Menschen, die sie als ihren Staat und als das bessere Deutschland verstanden. Die massive Einflussnahme seitens der Westdeutschen erzeugte Misstrauen und Ablehnung
Besonders schwerwiegend waren die wirtschaftlichen Probleme. Die Industrie und andere Wirtschaftszweige erwiesen sich als weitgehend nicht konkurrenzfähig. Viele Betriebe mussten schließen und wurden „abgewickelt". Die Arbeitslosigkeit stieg bedrohlich an.
Um die Lebensverhältnisse in den neuen ostdeutschen Ländern einigermaßen dem Westniveau angleichen zu können, waren astronomische Geldbeträge erforderlich (Solidaritätszuschlag).

Kapitel IX (Russland heute)

Aufgabe 1: Die Macht des Präsidenten beruht vor allem auf seiner verfassungsmäßigen Amtsstellung, die ihm erheblichen Einfluss auf die Regierung der Russischen Föderation und auf die beiden Kammern des Parlaments ermöglicht. Er genießt bei der Bevölkerung großen Rückhalt, vermutlich weil die Menschen von ihm die Verbesserung ihrer Lebensverhältnisse erhoffen und weil er die Macht ihres Landes nach außen hin repräsentiert. Die russische Demokratie ist keine Demokratie nach westlichen Maßstäben. Politikwissenschaftler sprechen von einer „gelenkten Demokratie". Seine Macht erlaubt es dem Präsidenten, erheblichen Einfluss auf die Meinungsbildung durch Presse, Rundfunk und Fernsehen auszuüben. Oppositionelle Strömungen werden benachteiligt oder gar unterdrückt.

Aufgabe 2: Das russische Eingreifen auf der Krim und die prorussischen Aktivitäten in der Ostukraine haben zu einer tiefen Vertrauenskrise geführt. Viele Beobachter halten es für möglich, dass sich Russland aus nationalem Egoismus auch anderswo nicht an die geltenden vertraglichen Regelungen gebunden fühlen könnte.

Aufgabe 3: Die Balten und die Polen erinnern sich an die Zeit der russischen Zaren, in der ihre Länder Teil des großen russischen Vielvölkerstaats waren. Nach kurzer Unabhängigkeit wurden Lettland, Litauen und Estland mit der Unterstützung Hitlers Teilrepubliken der Sowjetunion. Das 1945 neu entstandene selbstständige Polen wurde Teil des Sowjetischen Machtbereichs.

Aufgabe 4: Die NATO ist das im Kalten Krieg entstandene westliche Verteidigungsbündnis, das sich seinerzeit gegen die Expansionsgelüste Stalins richtete. Die durch die Außenpolitik Putins bei den Nachbarn geschürten Ängste veranlassten diese Länder, u. a. bei der NATO Unterstützung zu suchen. Das Engagement des Militärbündnisses nahe der russischen Grenze führt aber zu energischen Gegenreaktionen in Moskau.

Aufgabe 5: Deutschland in der Mitte Europas ist auf ein friedliches Zusammenleben mit den Nachbarn angewiesen. Der Friede ist auf Dauer nur dann zu sichern, wenn Russland konstruktiv daran mitwirkt. Dabei soll nicht vergessen werden, dass es auch einen wichtigen und für beide Länder lukrativen wirtschaftlichen Austausch zwischen Deutschland und Russland gibt.

Zeittafel

1945,	08. Mai	Kapitulation der deutschen Wehrmacht. Ende des Krieges im Westen
1945,	17. Jul. – 2. Aug.	Potsdamer Konferenz
1945,	6. und 9. Aug.	amerikanische Atombombenabwürfe über Hiroshima und Nagasaki
1945,	02. Sept.	Kapitulation Japans. Ende des Krieges in Asien
1945		Gründung der Vereinten Nationen
1946		Zwangsvereinigung von SPD und KPD zur SED in der Sowjetischen Besatzungszone
1947		Truman-Doktrin
1947		Marshall-Plan
1948,	20. Juni	Währungsreform in den Westzonen
1948,	23. Juni	Währungsreform in der Ostzone
1948/49	Juni - Mai	Berlin-Blockade, Luftbrücke zwischen Westdeutschland und Westberlin
1949		Gründung des Rates für gegenseitige Wirtschaftshilfe (COMECON)
1949		Gründung des Nordatlantikpakts (NATO)
1949,	23. Mai	Gründung der Bundesrepublik Deutschland
1949		Gründung der Volksrepublik China durch Mao Zedong
1949,	07. Oktober	Gründung der Deutschen Demokratischen Republik
1950-1953		Koreakrieg
1951		Europäische Gemeinschaft für Kohle und Stahl (Montanunion)
1953		Tod Stalins
1953,	Juni	Aufstand in der DDR
1955-1975		(Zweiter) Vietnam-Krieg
1955		Bundesrepublik Deutschland Mitglied der NATO, Souveränität
1955		Gründung des Warschauer Pakts
1956		Aufstellung der Bundeswehr, Wiederbewaffnung Westdeutschlands
1956		Beginn der Entstalinisierung durch Nikita S. Chruschtschow
1956		Aufstand in Ungarn, Niederschlagung durch die Sowjetarmee
1957		Gründung der Europäischen Wirtschaftsgemeinschaft (EWG)
1957,	4. Okt.	erster künstlicher Erdsatellit (UdSSR, Sputnik)
1959		Staatsstreich Fidel Castros auf Kuba

Zeittafel

1961,	12. April	erster bemannter Weltraumflug (UdSSR, Gagarin)
1961,	13. Aug.	Bau der Berliner Mauer
1966-1969		Große Koalition Kiesinger (CDU) und Brandt (SPD)
1968		Reformbewegung in der Tschechoslowakei unter Dubček, Besetzung durch Warschauer-Pakt-Staaten
1968		Breschnew-Doktrin
1969,	21. Juli	erste Menschen auf dem Mond
1969-1974		sozial-liberale Regierung unter Brandt (SPD) und Scheel (FDP)
ab 1970		Ostverträge, u. a. Moskauer Vertrag (1970) und Grundlagenvertrag (1972)
1973		Bundesrepublik Deutschland und Deutsche Demokratische Republik Mitglieder der Vereinten Nationen
1975		Kapitulation Südvietnams. Ende des Vietnamkrieges
1975		Konferenz über Sicherheit und Zusammenarbeit in Europa (KSZE) in Helsinki. Unterzeichnung der Schlussakte
1979-1989		Sowjetische Intervention in Afghanistan
1980		Gründung der freien Gewerkschaft Solidarność (Solidarität) in Polen
1985		Gorbatschow Generalsekretär der KPdSU
1989,	9. Nov.	Öffnung der Berliner Mauer
1990,	1. Juli	Währungsunion zwischen der Bundesrepublik und der DDR
1990,	3. Okt.	Wiedervereinigung Deutschlands
1991		Zerfall der Sowjetunion
1991		Gründung der Gemeinschaft Unabhängiger Staaten (GUS)
2001,	11. Sept.	islamistischer Terrorangriff in New York (WTC) und Washington (Arlington)
2001-2014		militärische Intervention der USA und ihrer Verbündeten in Afghanistan
seit 2014		Krieg in der Ostukraine zwischen prorussischen Milizen und der Ukraine
2014		Annexion der Krim durch Russland